KB233844

나는 그리스도의 청년이다

나는
그리스도의
청년이다

초판 1쇄 찍은 날 · 2011년 12월 01일 | 초판 1쇄 펴낸 날 · 2011년 12월 05일
지은이 · 윤성준 | 펴낸이 · 김승태
등록번호 · 제2-1349호(1992. 3. 31) | 펴낸 곳 · 예영커뮤니케이션
주소 · (136-825) 서울시 성북구 성북1동 179-56 | 홈페이지 www.jeyoung.com
출판사업부 · T. (02)766-8931 F. (02)766-8934 e-mail: edit1@jeyoung.com
출판유통사업부 · T. (02)766-7912 F. (02)766-8934 e-mail: sales@jeyoung.com

ISBN 978-89-8350-773-0 (03230)

값 11,000원

너의 창조주

나는 그리스도의 청년이다

윤성준 지음

예영커뮤니케이션

차례

온누리교회 **이재훈** 목사

추천사

윤성준 형제의 글은 사도 바울의 고백들을 자신의 인식론적인 반성으로 내면화시키는 자기 고백적 글이다. 사도 바울의 자기 인식이 예수님께 더욱 가까이 갈수록 계속 변화되었듯이 그리스도 안에서의 성도들의 삶에는 끊임없는 인식의 변화가 일어나야 한다는 것이다. 특히 감옥에서 바울의 7가지 창조적 구상에 대한 글들은 독창적인 관점으로, 바울의 내면을 꿰뚫어 봄으로써 우리가 가져야 할 창조적 인식을 돌아보게 해 준다. 바울 신학의 정점인 "그리스도 안에" 있는 나의 모습과 "내 안에" 있는 그리스도의 삶이 어떻게 서로 역동적으로 역사되는 것인지를 성경적이고 자기 고백적 표현으로 탁월하게 제시하였다. 이 글을 통해 피상적 인식 속에 살아가는 모든 그리스도인들에게 더욱 깊은 존재의 의미를 추구하는 계기가 될 수 있기를 바라며 이 책을 기쁨으로 추천한다.

Preface

'그리스도의 청년'의 본모습은
성경 속의 청년들이 보여 줄 것이다.

나는 요즘 "나는 가수다"라는 TV 프로그램을 즐겨 본다. 아이돌 가수의 흥행으로 참된 가수의 모습이 사라져 간다는 인식 아래에서 가창으로 감동을 주는 가수, 즉 참된 가수의 진정된 모습과 그 정체성을 회복하고자 하는 의도가 이 프로그램의 가장 큰 장점임에 틀림없다.

"나는 가수다"에서 한창 상위권의 실력을 자랑하던 '박정현'이라는 가수가 미국 LA 근처에 있는 고등학교를 나와 같이 졸업한 학급동창임을 뒤늦게 알게 되었다. 내 기억에 학창 시절의 박정현은 작은 키에 긴 머리를 묶고 다녔었다. 그런 그녀가 나의 기억에서 사라졌던 것이 분명하다. 그러나 그녀가 졸업식 때 부른 미국 국가(anthem)는 아직도 기억에 생생하게 남아 있다. 그녀의 목소리는 내가 한국인임을 자랑스럽게 할 만큼 아름다운 목소리였다. 그때 나는 이민 온 지 얼마 안 되어 영어와 새로운 환경에 한

참을 씨름하던 터라 당시 2세였던 Lena Park(박정현)과 친하게 지낸 사이는 아니었지만 같은 학교 졸업생이라는 사실이 왠지 자랑스러움을 느끼게 했다. 이 사실을 나중에야 기억하고는 요즘 들어 어깨를 우쭐거리며 주위 사람들에게 자랑이나 하듯 떠벌리고 다닌다.

그녀뿐만이 아니다. 한국 리더십의 권위자이자 베스트셀러의 저자인 한홍 목사님은 개인적으로 잘 아는 사이는 아니지만 나의 대학 선배이다. 한국인으로서 버클리대학을 졸업한 것도 비슷하고, 그 후 신학을 공부한 사실도 나와 비슷하다. 유명한 그분과 같은 대학을 졸업했다는 사실만으로도 나를 으쓱하게 만들기에 충분했다.

그런데 이보다 나를 더 흥분되게 하는 것이 있다. 성경 속에서 자신의 젊음을 그리스도를 향해 올려 드린 청년들이 나오는데, 나 역시 그들과 같은 '그리스도의 청년'이라는 사실이다. 성경 속에 등장하는 영적 거장과 나는 '그리스도의 청년'에서 이미 관련된다. 마치 한홍 목사님과 나, 또 가수 박정현과 내가 같은 학교를 통해 관련되는 것처럼 말이다. 이렇게 동문이라는 사실에 자부심을 느끼는 것처럼, 오늘 이 성경의 거장들을 통해 나도 '그리스도의 청년'임에 자부심과 책임감을 느끼게 된다.

오늘날 '그리스도의 청년'의 정체성은 많이 희석되었다. 그리스도의 청년의 본모습은 성경 속에 나온 청년들이 보여 줄 것이다. 그리고 성경을 읽으면서 우리가 지금 얼마나 멀리 와 있고, 우리의 정체성을 잊고 사는지를 알 수 있을 것이다. 그것을 깨닫고 있다면 다시 회복하고, 돌아가야 한다. 왜냐하면 지금 현 시대야말로, 참된 그리스도의 청년들이 너무나도 필요한 세대이기 때문이다.

그래, 나는 그리스도의 청년이다! 이 외침이 이 세대에 필요하다.

나는 영적으로 하나님과 멀어진 자리에서 다시 그분 앞에 다가서기 위한 발버둥으로, 그 누구 이전에 나 자신을 쳐 복종케 하기 위한 목적으로 이 글을 쓰기 시작했다. 생각해 보면, 영적 지도자인 바울 사도도 로마서를 쓰면서 자신 안에 있는 싸움을 고백하는 것을 발견하게 된다.

"여기에서 나는 법칙 하나를 발견하였습니다. 곧 나는 선을 행하려고 하는데, 그러한 나에게 악이 붙어 있다는 것입니다."(롬 7:21, 표준새번역)

우리에게는 잘 알려진 사도 바울의 로마서 고백이다.

로마서는 어떤 글인가? 모든 신앙의 기본신학을 자세히 설명하는 글이며, 기독교의 본질, 그리고 그리스도의 제자 된 우리의 본질이 어떠한 지를 선포하는 글임을 우리는 익히 알고 있다. 그런데 이러한 글 속에서 바울 사도는 소리친다.

"아, 나는 비참한 사람입니다. 누가 이 죽음의 몸에서 나를 건져 주겠습니까?"(롬 7:24, 표준새번역)

아마 그도 자신을 향한 지침서로 로마서를 쓰지 않았을까? 그것이 가장 큰 목적은 아니더라도 면밀히 살펴보면 그것도 하나의 서술 목적이 될 수 있었을 것이다. 다시 말하면 바울이 자신을 돌이켜 자신의 현 영적 상태를 점검하고, 그리스도의 제자의 본질이 어떠한가를 되새김질하며, 주만 바라보며 살기를 결단하는 새로운 다짐과 삶의 모습을 먼저 보여 줌으로 그의 서신을 읽는 모든 이에게 더욱 큰 도전을 주고 있음이 분명하다.

그러므로 나는 전에 출판된 글에서도 그랬듯이 누구보다도 나 자신에게 먼저 필요한 지침서를 쓰고자 한다. '내가 이렇게 지금 살아야 하고, 살아가고 있어야 한다'라는 마음의 다짐으로 그렇게 한 자 한 자, 마지막 한 자까지 껍데기의 신앙인이 되지 않기 위해 발버둥치는 모습이 이 글 속에 진솔하게 담겨 있다.

그래서 나는 더욱 이 글 속에 나의 솔직함과 정직함을 담아보고자 노력했다. 즉 그 부족함과 연약함에서 시작하겠다는 것이다. 그리고 이 글 속에 그리스도를 향해 성숙해지고자 하는 나의 다짐과 열정도 담기 위해 노력한다. 그분의 마음을 품기를 소원한다. 더 정확하게 말하면, 그분의 마음을 품는 그분의 진정한 제자가 되기를 소원한다. 신학자인 존 스토트 목사님은 그의 저서 『극단적인 제자도』(*The Radical Disciple*)에서 그가 청년 때에 고민하던 질문을 소개한다. 청년 때 그의 고민은 이것이다.

'우리 인생들을 향한 하나님의 목적은 무엇인가?'

그는 어느덧 80세 노년의 영적 대가가 되어 이 질문에 답한다.

"God wants his people to become like Christ, for Christ likeness is the will of God for the people of God."

하나님이 주시는 우리의 인생의 목적은 선교와 전도가 아니다. 그렇다고 그냥 광범위하고 쉬운 답인 '하나님께 영광을 돌리는 것'이라고도 말하지 않는다. 우리를 향한 하나님의 목적은 정확하고 분명하다. 그것은 예수 그리스도를 닮아가도록 하는 것이다. 그렇다. 나와 당신의 인생의 목적은 바로 예수 그리스도를 닮는 것이다!

『십자가로 반격하라』라는 책을 쓴 후, 나에게 현실적인 도전들이 주어졌다. 많은 것 중 몇 가지를 나열하면 다음과 같다.

첫 번째는 예수 그리스도가 나의 주인 되시고, 내가 그분의 자녀 되는 것만으로 족하던 청년 시절이 지나 한 가정의 가장이 되고 부모를 경제적으로 도와야 하는 자리가 되고 나니 내가 아무리 검소하게 살더라도 돈 걱정 없이 살 수 있는 상황이 아님을 깨달았다. 돈이라는 것이 그리 만만한 상대가 아님을 경험한 것이다. 돈의 필요성을 절감하게 된 것이다. 속으로 질문한다. '십자가로 반격할 수 있을까?' 그런 내게 어디선가 '혼자 가면 빨리 갈 수 있으나 함께 갈 때 더 멀리 갈수 있다'는 말이 내 귀에 강하게 들려왔다. 청년일 때 혼자 주를 바라보며 신앙의 삶을 사는 것은 쉽고 빠르게 성장할 수 있었다. 그러나 아내와 자녀, 그리고 연로한 부모를 모시고 함께 신앙의 성숙을 향해 가는 길은 매우 더뎌 보이나 더 멀리, 더 깊숙이 그리스도의 마음 중심으로 다가갈 수 있다는 확신이 이 말 속에서 깨달음으로 다가왔다.

두 번째는 육신의 욕망이 주는 어려움이다. 내 안에 우글거리는 탐식과 다른 정욕들에 대하여 나는 십자가로 반격해야 했다. 쉽지 않은 상대이다. 사람들이 얼마나 동물적이 될 수 있는지, 나 자신 안에 솟아오르는 정욕을 보면서 깨닫는다. 마치 파도의 물결처럼 없었다가 다시 크게 밀려오는 성욕, 허우적거리며 입안에 쏟아 넣는 탐식, 왜 에서가 팥죽 한 그릇에 장자권을 팔았는지 이해가 된다. 그리고 강한 소유욕, 더 갖기를 바라는 마음이 내 안에 멈출 줄을 모른다. 그것을 향한 몸부림과 흔들림은 나 자신을 부끄럽게 했고, 그런 자신에 대해 화나기까지 한다.

그런데 모든 목사님들이나 영적 지도자들도 마찬가지라는 사실이 오히려 나를 더 화가 나게 했다. 우리에게 너무나 잘 알려진 『목적이 이끄는 삶』(*Purpose Driven*)의 저자이며 목회자이신 릭 워렌(Rick Warren)은 유명한 TV 방송사의 인터뷰 중 동성연애를 반대하는 이유들을 이야기하며 다음과 같은 고백을 했다.

"나는 주위에 아름다운 모든 여성들을 보면서 성적 욕구를 느낍니다. 그렇다고 제 마음이 이끄는 대로 하지 않습니다. 옳지 않은 것이니까요. 마찬가지로 동성연애도 그렇습니다. 성적 욕구를 느낀다고 옳지 않은 것을 옳다고 할 수는 없습니다."

이것은 끊임없는 싸움임이 분명하다. 영적 신학자인 리처드 포스터(Richard Foster)의 책, 『돈, 섹스, 권력』(*Money, sex & power*)에서 그는 이러한 싸움에 대해 이와 같이 설득한다.

우리가 갖고 있는 성의 또 다른 측면은 아름다움과 육체의 매력에 대한 선호이다. 많은 독신 남녀들은 괜찮은 남자나 예쁜 여자에게서 눈을 떼는데, 이들에게 한눈을 팔다가는 예수님의 말씀과 같이 마음의 간음을 하게 될 것이라고 생각하기 때문이다. 그러나 이는 불필요한 생각이다. 음욕이 없이도 얼마든지 예쁜 얼굴이나 몸매를 좋아할 수 있다. 우리는 오히려 눈과 머리, 미소, 벌어진 어깨와 멋진 팔뚝, 엉덩이의 곡선과 각선미 등을 음흉한 눈길로 보지 않고 즐기는 법을 배울 수 있다. 이것들은 창조주께서 주신 사랑스런 선물이다. 어떻게 감히 이것들을 멸시할 수 있겠는가.

그의 말이 틀린 것은 아니다. 그러나 그 선이 너무 가늘어서 너무 쉽게 우리는 그 선을 넘어가 버리고 마는 것이 문제이며 실상이다. 남성들에게 이러한 성욕의 욕망이 득실거린다면, 여성들에게는 강한 영성의 적이 되는 것이 바로 자만심이다. 즉 공주병이 그들 안에 있는 가장 큰 싸움이 아닐까. 자신의 외모, 성형수술, 꾸밈, 입는 옷과 들고 다니는 가방에 건 자존심…. 솔직히 내가 남자라서 그런지 그것이 얼마나 큰 욕망인지 정확히 알기는 힘들다. 그러나 그것이 남성들에게 밀려오는 성욕만큼의 강력한 파워가 있는 것이라면, 심히 그것의 힘이 어떠할지 감히 짐작하게 된다.

마지막 세 번째는 흐려지고 밋밋해진 나의 사명감을 향한 반격이 필요했다. 성공이라는 유혹은 늘 우리의 삶의 방향을 좌지우지한다. 그 유혹의 달콤함을 경험해 보지 않더라도 거기서 흘러나오는 꿀 같은 진액은 나의 눈과 귀, 그리고 입을 닫아버리기에 충분하다. 그것의 가장 파괴적인 요소는 성령님을 통해 주시는 말씀을 듣지 못하게 한다는 사실에 있다. 성공을 향한 욕망은 나의 눈과 귀를 닫아 제자로서 걸어가야 할 길에서 벗어나 다른 방향으로 가게 만든다.

나는 치과의사이다. 치과의사는 미국에서 가장 소득이 많은 직업 중의 하나이다. 이러한 직종에서 일하다 보니 분명한 선이 필요함을 절실히 느낀다. 특별히 돈과 성공에 대하여 하나님 앞에서 순전한 그리스도의 제자로, 충실한 종으로 평가 받기를 소원한다면 더욱 그렇다. 대학 시절, 하나님께서 주시는 소원이자, 내 인생의 목적을 두고 열정적으로 기도하던 중에 내 가슴속에서 열정의 불을 지른 분명한 비전이 있었다.

이것은 내게 허락하신 하나님의 부르심이었다. 살아가면서 내가 가야 할 분명한 방향은 이미 결정되었고 그렇게 살아가야 한다. '인생의 목적을 모른 채 살아가는 많은 청년들을 섬기라'고 하나님이 나를 부르셨다는 강한 확신을 가지면서도 언제라도 주님은 나 대신 다른 사람을 쓰실 수도 있다는 두려움에 자부심보다는 책임감과 두려움이 나를 사로잡는다.

그런 내게 치과의사라는 직업은 좋은 도구가 될 수 있다. 그러나 어느 순간, 내가 잠시 한눈을 팔면, 이 도구는 쉽게 변질될 수 있다는 사실이 나를 더 긴장하게 만든다. 나는 이 도구로 그리스도의 제자의 삶을 살아가는 것 대신, 편한 삶, 근사한 삶, 명예로운 삶, 우아한 삶, 조금 괜찮은 삶을 추구하며 살아갈 수도 있기 때문이다.

내가 가야 할 길은 곧바로 직진인데, 자꾸만 왼쪽, 오른쪽으로 치우치며 가게 된다. 이러한 성공의 유혹은 대형교회의 목회자님을 변질시킨다. 초심을 잃어버린 목사님들…. 성공의 유혹에서 솟아오르는 강력한 힘은 영적 지도자를 너무나도 쉽게 변질시키는 실로 위대한 힘이 아니라 할 수 없다. 이러한 유혹들을 어제도 경험했고, 오늘도 경험하고 있으며, 내일도 경험할 것은 분명하다. 그러나 나는 정결하고 순수한 그리스도를 향하는 마음을 지키고 싶다.

금이 달구어져 그 순수함을 더하듯, 그렇게 깨끗하고 순결하게 주님의 마음을 담고 이 유혹이 넘치는 세상 속에서 곧은 길, 좁은 길, 험난한 길을 힘 있게 걸어가기를 소원한다. 이제 다시 이 글을 쓰면서 그리스도의 청년의 기본으로 돌아가 나를 재점검하고 새롭게 되어, 주를 향한 열정으로 주님의 심장 깊숙한 곳으로 들어가 영적 성숙을 경험하기를 기대해 본다.

2011. 9. 28.
뉴욕에서 그리스도의 청년, 윤성준

Introduction

인생의 한가운데에 청년의 시기를 둔 목적은
이 시기야말로 예수 그리스도의 형상을
우리 안에 담는 최고의 시기이기 때문이다

그리스도의 청년도

'청년'이라는 이름….

하나님께서 처음에 인간을 창조하셨을 때, 그 인생의 성숙과정 속에 '청년의 시기'를 넣어 두셨다. 이 시절을 인생의 한가운데에 두신 창조주의 참된 의도는 무엇일까? 아니 무엇을, 누구를 위한 것인가?

화단에 심어 놓은 백합이 아침 햇살을 반기며 화사한 빛을 발하는 것을 가만히 들여다본다. 이 작은 식물도 처음에는 보잘것없는 새싹으로 시작하였다가 점점 자라나 화려한 꽃을 피우게 되면, 최상을 뽐내다가 다시 시드는 과정에 도달한다. 아름다운 꽃이 되어 최상의 자리에 오르게 하시는 하나님의 진정한 의도는 어디에 있을까? 그 의도를 하나씩 헤아려 본다.

우리가 잘 알고 있듯이 청년의 시기는 지(知)·정(情)·의(意)가 하나로 모여 최고의 정점을 이루는 시점이다. 이 시기에 우리의 감성, 지식과 지혜, 그리고 강인한 몸이 모두 합하여 정점을 이루게 된다. 33세의 청년 예수 그리스도도 이러한 청년 시기를 하나님께 온전한 순종으로 올려드렸다. 다시 말하면, 예수 그리스도의 청년의 열정, 청년의 감성, 청년의 사랑, 이 모든 것을 합해서 하나님 앞에 십자가로 올려 드린 것이다. 그리고 그분이 청년이었기에, 나 역시 우리 인생살이 가운데 청년의 시기를 가장 최고의 정점에 두고, 청년이라는 이름의 의미를 다시 헤아려 본다.

예수 그리스도

그분은 스스로 '청년의 신앙'의 근본적인 본을 우리에게 보여 주셨다. 하나님이 우리의 인생의 목적을 '예수 그리스도를 닮아가는 것'에 두셨다면, 이 사실을 전제로 이제 우리 인생 가운데 정점으로 주신 청년의 가장 기초적인 의미, 즉 하나님이 그 목적을 어디에 두고 계신지 조금이나마 짐작할 수 있으리라 생각된다.

인생의 목적 – 예수 그리스도를 닮는 것
인생의 정점 – 청년의 시기
하나님이 인생 한가운데에 정점인 청년의 시기를 두신 목적 – 예수 그리스도를 닮아가는 최고의 시기

그렇다면 우리는 이제 그 해답을 발견할 수 있어야 한다. 하나님이 우

리의 인생 가운데 청년의 시기를 둔 많은 목적 중 가장 큰 목적은 바로 이 시기야말로 예수 그리스도의 형상을 우리 안에 담는 최고의 시기이며, 그분이 내 삶을 통해 드러날 수 있는 최상의 정점이 되기 때문이다.

그리고 우리의 최선으로 인생의 최고의 정점에서 그분을 경험하고, 그분을 뽐내는 날을 하나님은 기대하고 계신다. 바로 최상의 정점에서 우리가 그분의 형상을 드러내는 그날을 말이다. 마치 수선화가 오랜 기다림과 퍼붓는 비바람을 참아냄을 통해 결국 꽃을 피기 시작하고 그 꽃잎들을 하늘을 향해 활짝 펴올리며 힘껏 향기를 뿜어내 창조주 하나님께 자신의 최선으로 영광을 돌리듯, 그렇게 힘 있게 말이다.

"자랑하는 자는 이것으로 자랑할지니 곧 명철하여 나를 아는 것과 나 여호와는 사랑과 정의와 공의를 땅에 행하는 자인 줄 깨닫는 것이라. 나는 이 일을 기뻐하노라."(렘 9:24)

그런데 그렇게 주님을 뽐내야 할 이 시기에 우리 청년들이 그의 열정과 시간, 땀을 다른 것에 허비하고 있다. 오락(Entertainment)과 성공에 눈이 멀었고, 돈과 섹스 그리고 자기계발 등에 집중하여 귀가 막혀버렸다. 사단은 이러한 청년들의 모습들을 보며 어깨를 으쓱거리고 자랑거리로 삼는다. 하나님의 최고의 창조물인 인간의 최고의 정점인 '청년의 시기'를 가차없이 낭비하도록 만든 것에 대한 자부심을 사단은 한 손에 칵테일을 들고 해변에 누워 선글라스를 낀 채 여유롭게 즐기고 있다.

그러므로 우리의 참된 본질이 어떠한가를 알았다면, 우리 인생살이의 절정(peak)이라 할 수 있는 이 시기에 우리가 결코 놓쳐서는 안 되는 것이 있다는 사실도 알아야 한다. 즉 그리스도 청년들이 따라야 할 '도'(道, 가르침)가 있는데, 이것이 곧 '청년도'(靑年道)이다. 우리가 익히 들어 알고 있는 '제자도'(弟子道)는 좀 더 광범위하게 모든 그리스도의 종들이 품어야 할 하나님의 가르침이라면, '청년도'는 특정한 범위에 속한 층에게 더욱 각별히 품어야 할 하나님의 가르침이라 할 수 있겠다. 그러나 이것이 청년들에게만 적용되는 것은 아니다. 당신이 청년이라면 이 '청년도'가 하나의 지침서의 역할을 할 것이며, 당신이 이미 이 시기를 거쳐 간 사람이라면, 이 '청년도'는 당신이 늘 돌아가야 할 기본서의 역할을 해 줄 것이다.

그런데 이 '청년도'의 가르침 중심에는 무엇이 있을까? 우리는 성경 속에서 그 해답을 찾는다. 그리고 창조주가 특별한 지혜를 허락하신 솔로몬왕이 외치는 소리에 귀를 기울여 본다.

"젊을 때에 너는 너의 창조주를 기억하여라."(전 12:1)

특별한 지혜를 받은 솔로몬왕은 우리에게 왜 젊었을 때, 즉 청년일 때 창조주를 기억하라고 했을까? 또 기억해서 어떻게 하라는 말씀인가? 지혜로운 그분은 우리 인생의 주인이 내가 아님을 기억하라고 말한다. 그래서 주인의 목적에 맞추어 더 늦기 전에 우리의 삶을 재조정해서 결국 성숙한 예수 그리스도를 닮는 자리로 나아가라는 말이다. 중요한 것은 이 작업을 '젊을 때'에 시작하라는 것이다. 이때부터 성숙의 진로에 들어서야만 할 만큼, 그리스도를 닮는 성숙의 여정은 길고 험난하다. 그래서 인생의 절정에서 더욱 깊이, 이 성숙의 자리로 들어서야만 한다.

저녁시간에 앞으로의 나의 진로에 대해 잠시 생각하다가 바울 사도는 그의 진로를 어디에 맞추었는지 궁금해졌다. 말씀을 찾기 시작했고, 빌립보서에서 그의 간절한 인생의 소망을 발견하였다. 그것은 예수 그리스도를 알고, 그의 고난과 부활에 동참하는 것이었다. 그리고 바울은 이렇게 고백했다.

"또한 모든 것을 해로 여김은 내 주 그리스도 예수를 아는 지식이 가장 고상하기 때문이라."(빌 3:8)

그는 더욱 끊임없이 그리스도를 알고, 그분을 닮기를 소원한다. 우리 모두가 청년일 때 우리 자신의 입술로 이런 고백을 한다면, 하나님께서 얼마나 기뻐하실까!

"너는 인생의 목적이 뭐니?"

"네…. 아직 너무도 부족하지만, 예수 그리스도를 닮기 원해요."

"너는 환경적으로 힘든 가운데 있구나."

"네…. 하지만 이것을 통해 예수 그리스도를 닮기 원해요."

이 글 속에서 네 가지 주제를 다룰 것이다. 첫 번째는 청년의 열정이다. 우리가 청년일 때 우리의 열정이 머물러야 할 곳이 분명히 있다. 청년은 감성이 지성보다 더 풍부한 시기이다. 따라서 이 끓어 넘치는 감성과 열정의 방향만 잘 잡아 주면, 청년의 시기야말로 예수 그리스도의 뜨거운 가슴을 품을 수 있는 가장 적절한 절호의 기회가 될 수 있다. 이때 품은 가슴의 열정은 훗날 우리의 인생 후반기를 얼마나 열정적으로 살 것인지를 판가름할 것이다. 바울 사도가 그러했다. 그가 젊은 열정을 품고 예수 믿는 자들을 핍박하던 자리에서 예수 그리스도를 위해 기꺼이 돌을 맞는 자리로 돌아섰을 때, 그의 인생의 후반전은 그리스도를 큰 열정으로 가슴에 품은 자로 살아갈 수 있었다.

두 번째 주제는 청년의 포기를 살펴본다. 청년은 무한한 도전이 가능한 시기임에 분명하다. 그러나 포기를 경험할 줄 알아야 한다. 청년일 때에 내려놓는 법을 배운다면, 하나님은 이 청년을 높은 곳에 올려놓으실 것이 분명하다. 마치 요셉에게 그러하셨듯이, 그가 흑암 같은 구덩이에 빠지는 경험을 했기에 하나님은 그를 이집트의 총리로 세우셨다. 그가 내려놓음을 터득한 자였기에 가능했던 것이다.

"주 앞에서 낮추라, 그리하면 주께서 너희를 높이시리라."(약 4:10)

그러므로 우리가 청년일 때 꼭 포기해야 하는 것이 있다는 사실을 살펴보고 주님 앞에 귀히 쓰임 받는 자가 되기를 소원해 본다.

그리고 세 번째 주제는 청년의 싸움에 대해 살펴본다. 즉 우리가 청년일 때 꼭 감당해야 할 싸움이 있다. 학교에서 무리지어 싸움질하기를 밥 먹듯이 하듯, 그러나 그보다 더 피 터지게 싸워야 할 싸움이 있다. 젊음의 패기로 내 동무들의 턱이나 들이박지 말고 정말 싸워야 할 것과 맞장을 떠보자. 그것을 위해 하나님께서 우리에게 젊음의 패기를 주신 것이 아니겠는가? 피 터지게 싸우라고 말이다. 그러나 올바른 대상을 만나 싸워야 한다. 다윗의 젊은 패기를 기억하는가? 그가 골리앗을 상대로 외쳤던 소리다.

"너는 칼을 차고 창을 메고 투창을 들고 나에게로 나왔으나, 나는 네가 모욕하는 이스라엘 군대의 하나님 곧 만군의 주님의 이름을 의지하고 너

에게로 나왔다."(삼상 17:45, 표준새번역)

이렇게 외치는 다윗이 들고 나온 것은 고작 목동이 쓰는 막대기와 물매와 돌 다섯 개였다. 그러나 그에게 또 한 가지, 하나님을 의지함으로 생긴 젊음의 패기가 있었다. 여기서 골리앗은 세상의 모든 유혹들을 상징한다. 전쟁터의 모든 군사들과 역사는 순간 이 청년에게 집중되었고 그의 싸움에 모든 시선이 모아졌다. 이것이 바로 하나님께서 원하시는 청년의 싸움인 것이다.

마지막으로 다룰 주제는 청년의 방식에 대해 살펴본다. 우리가 청년일 때 세워야 할 삶의 방식(pattern)이 있다. 이 방식을 청년일 때 습득하여 자기의 것으로 만들어 놓지 않으면 평생 세상의 방식으로부터 오는 유혹에 시달리며, 결국에는 세상의 방식대로 살아가고 말 것이 분명하다. 영적 선배인 바울 사도는 우리에게 권면한다.

"여러분은 이 시대의 풍조를 본받지 말고, 마음을 새롭게 함으로 변화를 받아서, 하나님의 선하시고 기뻐하시고 완전하신 뜻이 무엇인지를 분별하도록 하십시오."(롬 12:2, 표준새번역)

그래서 청년일 때에 필요한 그리스도의 방식을 세워 놓고 그렇게 살아가는 것이 중요하다.

나이와 신분을 막론하고, 우리는 나이가 들면서 젊음의 시절을 그리워한다. 열정과 도전정신이 가득했던 그 시절. 세상은 분명 작아 보였다. 그래서 무엇이든 가능할 것 같던 그 시절을 생각하면 당신이 누구든 간에 가슴이 곧 뜨거워짐을 느끼기 마련이다. 애틋했던 첫사랑, 패기가 넘쳐 오히려 어리숙했던 그 시절 등, 많은 추억의 그 시간들을 그리워하기 이전에, 그리스도를 닮기 위해 최선의 노력을 하던 그리스도 청년의 시절을 그리워하자. 그리고 그렇게 살아보자. 그 시간으로 돌아가 보자.

예수 그리스도께서 내 인생의 전부가 되는 그 시절로, 청년의 신앙으로. 그리스도의 청년도를 따라서….

part. 1

청년의 열정

우리의 열정이 머물러야 할 곳이 있다

청년의 상징 '열정'

"나는 가수다"라는 TV 프로그램을 보면서 가장 놀랐던 것은 진정한 가수는 대중의 감성을 자극하는 힘이 있다는 사실이다. 구체적으로 그 힘은 대중을 지난 오랜 추억 속으로 돌아가게 만들고, 현재 자신의 마음에 커다란 바위 같은 것이 던져져 거기서부터 만들어지는 파동이 감성을 요동케 하는 힘으로 나타나는 것이다. 이 힘은 어디에서 오는 것일까? 가창력에서? 가사에서? 물론 가능하다. 그러나 그것과 더불어 꼭 필요한 궁극적인 것은 바로 열정이다. 항상 1등만 하던 가수도 그 다음 회에서는 7등을 하기도 한다. 이는 단지 가창력만이 아니라, 열정이 가져오는 변화라는 것을 말해 준다.

난 이 글의 첫 장이 당신의 감성을 요동케 하여, 성경 속의 그리스도 청년의 참 모습으로 돌아가게 하길 소원한다. 또한 당신의 심장을 전율케 하는 열정이 뿜어내지길 바란다.

이제 이런 청년이 없다.

죽는 날까지 하늘을 우러러
한 점 부끄럼이 없기를,
잎새에 이는 바람에도
나는 괴로워했다.
별을 노래하는 마음으로
모든 죽어가는 것을 사랑해야지.
그리고 나한테 주어진 길을
걸어가야겠다.

오늘밤에도 별이 바람에 스치운다.

젊은 청년 기독 애국가 윤동주.

이 "서시"(序詩)는 자신의 전 생애에 걸쳐서 철저하게 양심 앞에 정직하고자 했던 한 젊은이의 내부적 번민과 의지를 보여 준다. 그리고 그는 결심한다.

"그리고 나한테 주어진 길을 걸어가야겠다."

이런 자세가 열정을 가진 참된 청년다운 것이 아닐까? 그런데 오늘날 청년들에게는 이런 모습이 사라졌다. 한국에도 없고, 내가 지금 서 있는 뉴욕 땅에도 없다. 하늘을 우러러 한 점 부끄럼이 없기를 애쓰며 사는 청년의 순결한 열정이 없어졌다는 말이다. 스스로 결단하며 자신의 인생 전부를 불태우겠다는 청년의 신념과 결단력과 의지가 없어졌다.

이런 청년들은 많다.

"그리고 나한테 주어진 기회로 성공해야겠다."

우리가 사는 이 세대는 모두가 자기 발전과 자기 유익에 열정을 쏟아붓고 TV의 엔터테인먼트에 눈과 귀가 따 빼앗겼으며, 인터넷을 통한 온갖 죄를 범하는 세대임에 분명하다. 이 세대의 청년들은 도대체 무엇 때문에 가슴이 뛰며, 무엇을 향해 달려가는가? 아니, 달리고 있기는 한 것인가.

나의 나이 어느덧 35세.

청년이라고 하기에는 좀 부담스러운 나이. 그러나 나의 생각 속에서 나는 아직 청년이다. 유대 민족들의 문화 속에서는 보통 청년을 40대까지로 여겼으니 그 문화 속에서 난 분명 파릇파릇한 청년인 것은 확실하다. 그런데 문제는 생각 속에서만 그렇다는 것이다. 아이가 둘 생기고 한 가정의 가장이 되면서 뱃살은 늘어만 가고, 행동도 예전 같지 않아 곰처럼 느릿느릿해졌다. 도전보다는 안정에 익숙하고, 변화보다는 현실에 안도하는 것이 사실이다.

어느덧 나의 습관들은 이제 변화할 수 없을 듯 단단히 고정되고, 더욱이 하루의 일과는 늘 반복적이라 마음은 원대로되 쉽게 바뀌지 않는 것이 사실이다. 하루 종일 밖에서 일하고 집에 돌아오면 나의 몸은 이미 내가 조정할 수 있는 범위 밖에 있는 듯, 저녁 먹고 소파에 기대어 TV를 보다가 책을 조금 읽고 나서는 아이를 재우고 잠을 청한다. 이러한 삶을 반복으로 나의 열정이 마땅히 머물러야 할 그곳에 소홀해지고, 삶의 목적은 그것대로 비틀거린다.

이건 아닌데….

언젠가 나는 다리를 저는 젊은 청년이 장애인 올림픽이라는 목적을 향하여 열정을 토하며 훈련하고 또 결국에는 메달을 따는 모습을 보았다. 세상 속에서 이루고자 하는 목적을 향해 그토록 힘든 것을 강한 신념과 열정으로 견뎌 내고 이겨나가는 모습을 보며 내가 지금 멀쩡한 두 다리로 이렇게 맥 빠진 모습으로 살고 있음에 부끄러움을 느꼈다. 또 돈이 없어서 새벽부터 신문을 돌리고 밤 12시까지 두 가지, 세 가지 직업(job)을 감당하는 젊은 청년들도 보았다. 나는 분명 이들에 비해 편안한 직장에서 일을 하면서도 투정과 스트레스에 허덕거린다. 부끄러울 뿐이다. 그러므로 나는 더 이상 예전의 모습 그대로 이렇게 그냥 살 순 없는 노릇이다.

'오호라, 나는 곤고한 사람이로다. 이 사망의 몸에서 누가 나를 건져 내랴.'(롬 7:24)

이것은 바울 사도의 절규이며, 또한 21세기의 풍요와 방자한 인생을 살아가는 나와 당신의 절규임에 틀림없다.

나의 둘째 딸이 태어난 지 거의 일 년이 되었다. 이 아이를 바라보며 어느 순간 나는 우리를 향한 하나님의 열정을 경험적으로 깨닫는다.

'만약 나에게 오로지 두 가지 선택권(choice)만이 있는데, 하나는 이 아이를 절벽에서 떨어지는 것을 구경만 하는 것이고, 다른 한 가지는 이 아이를 품에 안고 절벽에서 떨어지는 것, 이 둘 중 하나만을 선택해야 한다면 나는 어떤 쪽을 선택하겠는가?'

몇 초 생각할 필요도 없었다. 당연히 나는 나의 한 살 된 둘째 딸과 절벽에서 떨어질 것을 선택할 것이다. 어린 나의 딸을 품에 안고 떨어지는 편이 백 배, 아니 천 배 그냥 바라보는 것보다 낫다. 나의 하나님도 나를 바라보시며 그러셨을 것이라 생각한다. 죄악으로 인해 영원한 죽음의 절벽에 선 나를 보시며 말이다. 사랑의 열정은 십자가로 연결되어 그 십자가를 스스로 짊어지시기를 머뭇거리지 않으신 그 열정, 곧 그것은 아버지가 자녀를 향해 품은 뜨거운 사랑의 열정임이 분명했다.

이 '열정'(passion)의 원어는 라틴어로 '고통'(suffer)이라는 단어에서 온다. 고통스러울 만큼 내 안에 들끓어오르는 그 구엇을 향한 열심과 갈망 때문에 오늘 밤도 잠을 설치고, 그것 때문에 한순간도 틈낼 겨를 없는 것은 물론이요, 밥을 못 먹어도 좋고, 팔에 피멍이 들어도 좋다는 것이다. 나의 심장 속에서 이 열정의 불만 활활 타오르게 할 수 있다면 말이다. 이것이 곧 열정을 소유한 자에게 드러나는 특별하고 신비로운 현상이다. 당장 칼날을 내 목에 들이댄다 해도 그 역경을 견디게끔 하는 열정이기에 더욱 신비롭고 특별하다. 이 열정이 새벽에 지친 나를 깨워 훈련하고, 다듬는다. 그리고 나로 하여금 집중하게 한다. 인생을 다른 곳에 더 이상 낭비하지 않도록 만든다. 이 열정을 품은 당신은 오늘 저녁 TV에 나오는 재미난 연속극을 보면서 오래 앉아 있을 수 없으리라. 만약 그럴 수 있다고 한다면, 당신은 아직 열정을 품은 청년이 아닌 것이 분명하다.

국어사전은 이 '열정'이라는 단어의 반대말을 '무관심'(indifference)으로 제시한다. 그 무엇을 향하여 전혀 반응하지 못하고 미적미적한 상태, 흐리멍텅하고, 가슴이 냉랭한 상태가 바로 '무관심'의 상태이기에 더욱 그러하다. 이런 사람들을 가까이에서 사귀다 보면 나도 모르는 사이에 나 역시 냉랭해지는 것 같은 답답함을 느낀다. 예수님도 그렇게 느끼셨을까? 예수님도 이러한 밋밋하고 미지근한 자들을 입에서 토해 내겠다고 하셨다(계 3:16 참조). '열정이 빠져 버린 청년들'을 어떻게 상상해 볼 수 있겠는가? 당신이 그렇다면 조심하는 것이 좋을 것이다. 그리스도께서 그런 당신을 역겹게 여겨 토해 버리실지도 모른다.

내가 알고 지내는 한 20대 청년이 있다. 그의 겉모습은 분명 혈기가 넘치는 청년임에도 불구하고, 그가 하는 모든 행동들이 마치 노장의 노인과도 같다. 힘이 축 처져서 어슬렁거리고, 목적 없이 하루하루를 TV와 드라마만 보며 시간을 죽인다. 또 남는 시간이 생기면 하루 종일 인터넷을 여기저기 뒤적거리기 일쑤이며 그렇게 자기에게 주어진 한정된 시간을 낭비한다. 우리는 이런 사람을 '늙은 청년'이라 부른다. 그런데 늙은 청년들이여, 당신들도 이미 잘 알고 있을 것이다. 청년의 시기는 한정된 시간이라는 사실을!

결코 청년의 시기가 영원할 것이라는 착각을 해서는 안 된다. 그것은 사단이 뿌려 놓은 달콤한 덫이다. 한창 시간을 아껴야 할 나이임에도 불구하고, 시간을 그렇게 죽이는 청년들. 힘 빠진 노인 같은 청년을 어디 진정한 청년이라 할 수 있겠는가? 그러므로 청년의 아름다움이 바로 이 열정에 있다 해도 과언은 아니다. 이것은 하나님께서 청년들에게 독특하게 허락하신 선물임이 분명하다. 청년을 상징하는 이 열정, 당신의 가슴은 현재 어떠한 상태인가? 또한 오늘을 사는 우리 현대 청년들의 이러한 열정

(passion)은 어디에 머물고 있을까? 당신은 현재 무엇을 향하여 가슴에 불을 활활 타오르게 하고 있는가?

다행스럽게도 오늘날 많은 청년들에게서 사뭇 뜨거운 열정들이 느껴진다. 그런데 이제 직면하게 되는 더 큰 문제는 우리 청년들에게서 느껴지는 이 뜨거운 열정이 무엇을 향한 열정인가 하는 것이다. 자신의 성공을 향한 열정, 근사한 여자를 만나기 위한 열정, 돈 많이 벌기 위한 열정, 이러한 열정을 소유한 청년들은 우리 주위에 많다. "탁월한 기쁨의 신학자"라는 별명을 얻고 있는 존 파이퍼(John Piper)는 글 속에서 다음과 같이 선포한다.

> 삶을 허비하지 않는다는 의미는 무엇인가? 거으르지 않고 성실히 산다는 것인가? 시간을 효율적으로 보낸다는 것인가? 자기 분야에서 성공한다는 것인가? 삶의 목적과 방향이 잘못되었다면 이 모든 것은 허비되는 삶일 뿐이다. 인생은 한 번뿐이다. 당신은 하나님을 위해 창조되었다. 한 번뿐인 인생을 허비하지 말라.

그는 열정 그 자체보다 그 열정의 '목적'과 '방향'이 중요하다고 선포했다. 그것이 올바르게 향해 있는 열정이어야만 비로소 우리의 젊음은 낭비되지 않는다.

나의 심장을 바친다

말로만 듣던 믿음의 대선배인 신학자이며 개혁자였던 칼빈(John Calvin)에 대해 신학교에서 수업을 듣게 된 나는 흥분 속에 있었다. 그리고 그가 가슴에 품었던 하나님을 향한 열정은 오늘을 게으름과 생각 없이 사는 나를 벌떡 일어나게 만들기에 충분했다.

"즉시, 그리고 신실하게, 나의 심장을 바칩니다."

이 표어는 하나님을 향한 칼빈의 젊은 날의 헌신적 삶의 모토(motto)였다고 한다. 그가 청년 시기에 품었던 열정이다. 이 모토만 보아도 그가 가슴에 어떠한 열정을 가지고 종교개혁을 일으킨 혁명가의 삶을 살았는지를 짐작할 수 있다. 그리고 이러한 그의 삶과 열정은 곧 자기 자신 개인뿐 아니라 전 세계를 변화시키는 정점을 이룬다. 이처럼 한 개인의 열정은 자신 이외에도 타인과 많은 이들에게 개혁, 즉 변화를 일으키는 역사를 낳는 것을 발견한다. 이 표어에서 말하는 것처럼, 한 열정으로 말미암아 강조되는 변화는 다음 세 가지를 포함한다.

즉시

신실하게

나의 심장을 바친다.

열정은 나로 하여금 머뭇거리거나 한 곳에 머물러 있지 못하게 한다. 다시 말하면, 즉각 반응하는 실천적 용기와 열심을 주는 특징이 있다. '즉시' 반응하는 반사신경이 나에게 없다면 나는 이미 그것에 대해 열정을 잃었거나 잃고 있는 중임이 분명하다.

열정은 나에게 신실함(faithfulness)을 선사한다. 영문으로 글자 그대로 해석하면 '믿음(faith-)이 충만하다(-fullness)'는 의미이다. 내가 가는 길에 대해 나는 전혀 의심치 않는다. 이 길이 맞는 길이고, 다른 길이란 없다. 이 길로 가야만 한다는 신념과 뜨거운 가슴이 바로 열정이 주는 '충만한 믿음' 때문이다.

마지막으로 열정은 나의 심장을 있는 그대로 바치는 것이다. 즉 나의 모든 것을 줄 만한 가치가 있는 그것을 향한 헌신과 생명, 시간이 드려지는 것을 포함한다는 것이다. 심장은 곧 생명이요, 생명은 곧 시간과 나의 모든 것이므로 실제적으로 열정은 나로 하여금 내가 가진 모든 것을 던져 놓게 만든다.

칼빈은 이 세 가지를 소유한 열정으로 그의 청년 시기를 주님 앞에 올려 드렸고, 결국 종교개혁이라는 하나님의 놀라운 복음의 역사의 흐름에 획을 긋는 귀한 도구로 쓰임 받은 산 증거임이 틀림없다. 그가 그렇게 할 수 있었던 원동력은 바로 주를 향한 이 '열정'에 있었다. 그는 검소한 생활을 했다. 그는 유서에서 이렇게 고백했다.

나는 하나님께서 나를 은혜로 양자 삼으시는 것 이외에 다른 소원이나 위안이 없습니다. 그것만이 나의 구원의 터가 되기 때문입니다…. 하나님께서는 그와 같은 놀라운 자비를 나에게 베푸시어 나와 나의 능력을 하나님의 복음을 가르치고 알리는 일에 사용하기를 기뻐하셨습니다.

그렇다. 하나님은 그분의 청년인 당신에게서 솟아오르는 열정이 지금 머물기를 원하시는 곳이 있다. 그리고 그분은 그곳에서 당신의 '청년의 열정'을, 그리고 그것을 품은 당신을 그분의 합당한 도구로 사용하시기를 원하신다. 바로 '지금' 말이다!

나도 대학 시절에 예수님을 인격적으로 새롭게 만난 후부터 내 안에 품고 있는 모토가 생겼다. 이것은 곧 시편에서 다윗이 한 고백과도 같았다.

"나의 삶의 연한을 알게 하사 짧은 나의 인생을 주님 앞에 쓰임 받는 인생이 되게 하소서."

이 모토는 내게 주어진 시간을 더 집중해서 쓰게 만들어 준다. 문제는 청년의 시기에 열심으로 살아온 내가 결혼을 하고 두 자녀를 두고 부모를 모시고 사는 자리에 와 보니 그 열심이 너무나도 무뎌져 있다는 사실이다. 당시에는 의식하지 못했지만, 하나님을 향한 열정 대신, 다른 종류의 열정이 내 안을 채우고 있었던 것이 분명하다.

내가 잠시 한눈 판 사이에….

1장

배설물 **열정**

"내가 그를 위하여 모든 것을 잃어버리고 배설물로 여김은
그리스도를 얻고 그 안에서 발견되려 함이니."(빌 3:8, 9)

한 살 된 나의 둘째 딸, 다정이의 열정은 대단하다. 아이가 좋아하는 입 속에서 잘 녹는 과자가 있는데, 이 과자가 들어 있는 통만 봐도 다리를 흔들어 가며 흥분을 하기 시작한다. 그리고 그 과자가 자기 손에 들어오는 순간까지 그 아이의 눈에서는 빛이 나고, 마구 소리를 질러가며 보챈다. 마침내 과자를 손에 넣으면, 과자통을 열고서 바닥이 보일 때까지 입속에 마구 집어 넣기 시작한다. 하나씩도 아니다. 여러 개를 한꺼번에 그 작은 입안으로 마구 집어 넣는다. 그 모습을 볼 때면 나는 터져 나오는 웃음을 멈출 수가 없다. 과자를 향한 한 살 된 딸의 뜨거운 열정 때문이다.

지금 현재 내가 품고 있는 뜨거운 열정이 있다고 가정해 보자. 이 열정으로 인해 나는 늘 열심이고 성실, 근면은 물론이요, 살면서 늘 긍정적이

고 집중되어 일의 효과도 늘고 있음을 경험한다. 그런데 어느 날 나를 찾아온 한 손님이 내가 가진 이 열정을 가리키며, "에이 똥!"이라고 말한다고 가정해 보라. 황당한 일이 아닐 수 없다. 더욱이 나름대로 열심히 내 인생을 살고 있다고 생각하고 있을 때는 더욱 그러하다. 그런데 실제로 성경은 우리가 현재 소유한 열정이 배설물이 될 수도 있다는 것을 말씀해 주신다. 이것을 삶으로 증거해 준 성경의 한 인물을 소개한다. 이 청년의 이름은 사울이었다가, 훗날 바울 사도라 일컫게 된다(실제로는 유대인들 사이에서는 사울로, 그리스도인들과 로마인들 사이에서는 바울로 알려져 있었는데, 성경에서는 그가 예수 그리스도를 만나는 계기 이후 바울이라 더 많이 일컫게 된다).

청년 사울이 바울 사도가 되기 전에 가졌던 그의 모습은 참으로 그가 뜨거운 열정을 소유한, 아니 '광(狂)기'에 가까운 열정을 소유한 젊은 청년이었음을 깨닫게 해 준다. 그의 삶을 구체적으로 다룬 사도행전을 면밀히 살펴보면, 바울 사도가 성경에 처음 등장했을 때의 모습을 선명하게 그리고 있는데, 그때 그의 모습은 다음과 같았다.

넓은 광장이다. 많은 종교 지도자들과 유대인들이 모인 이 자리에 그들의 눈이 모두가 한 청년에게 집중한다. 이 청년은 피를 토하듯 간절함을 가지고 예수 그리스도가 바로 그들 이스라엘 민족이 오랜 세월을 기다려 왔던 메시아임을 선포한다. 그리고 우리가 그분을 십자가에 못 박았으니 회개하라고 고함치며 사람들을 설득한다. 이 청년이 바로 스데반 집사이다. 당시 그는 젊은 청년이었다. 그리스도의 열정의 청년, 스데반!

그가 이처럼 이스라엘의 종교 지도자들을 지탄하는 설교를 하자, 마음이 찔린 유대 종교 지도자들과 그들의 추종자들이 펄펄 뛰며 스데반 집사를 성 바깥으로 질질 끌어냈다. 끌려 나온 스데반의 머리를 향하여 여러 명이 자기의 두 주먹보다 더 큰 돌들을 힘껏 집어던진 후, 피 흘리는 그를 마구 구타하기 시작했다. 한참 후 그들은 피를 줄줄 흘리는 스데반을 끌어다가 당시 사울이라 부르던 다른 한 청년의 발 앞에 내동댕이쳤다.

청년 스데반과 청년 사울의 대면.

여기서 두 청년의 첫 만남은 이루어졌다. 언뜻 보면 비슷한 나이의 두 청년, 그들의 만남은 세상에 존재하는 서로 다른 양극을 향한 두 열정의 만남이었다.

두 열정의 충돌

초등학교 때의 일이다. 당시 6학년 1반에서 가장 잘 싸운다는 친구와 6학년 12반에서 가장 잘 싸운다는 친구가 어느 날 운동장 한가운데에서 충돌하게 되었다. 한 친구는 몸이 늘씬하고 빨랐다. 소문으로는 그의 주먹도 굉장히 매섭다고 알려져 있었다. 다른 친구는 덩치가 컸고 감히 그 앞에 다가서기가 힘들 정도로 위협이 느껴지는 외모를 갖춘 친구였다. 날렵하고 주먹이 센 친구와 큰 덩치를 자랑하는 다른 친구, 이 두 사람의 싸움은 그야말로 나와 같은 평범한 학생들에게 특급뉴스가 아닐 수 없었다. 학생들이 줄지어 모인 가운데 전교에서 싸움 1, 2등을 결정하는 대결전이 시작되는 순간이었다. 지켜보는 모두가 긴장하지 않을 수 없었다. 그런데 결과는 … 때마침 선생님의 출도로 모두 도망가고 말았고, 그 후 두 사람의 이야기는 오로지 전설로만 기록되어 있다.

청년 스데반과 청년 사울의 충돌은 곧 세상의 열정과 하나님의 열정이 충돌하는 사건이었다. 모두를 더욱 긴장시켰던 것은 이 두 사람 모두가 젊음의 혈기가 철철 넘치는 청년이었으며, 탁월한 지식인이었으며, 타고난 논쟁가였다는 사실이다. 이것은 또한 큰 의미에서 세상을 지배하는 사단의 열정과 모든 만물의 주인 되시는 하나님의 열정과의 충돌이기도 했다. 결과는 어떠했는가? 우리가 면밀히 다시 살펴보겠으나, 두 열정이 충돌하자 스데반은 죽었다. 마치 하나님의 열정이 패배한 듯 그렇게 보였다.

그런데 정말 그럴까? 스데반은 죽으면서도 그에게 돌을 던진 자들을 용서하며 죽는다. 그는 죽으면서까지 하늘을 바라보며 그리스도를 발견하고 자신에게 돌을 던진 자들을 용서해 달라는 기도를 드리면서 세상이 알 수 없는 영광스러운 죽음을 기쁨으로 맞이했다. 하나님의 열정은 패배하는 듯하나, 바로 이 순간 폭발한다. 마치 예수님이 십자가에서 무덤, 그리고 무덤에서 부활의 자리로 옮겨 가면서 품어 내는 폭발력같이 말이다. 결국 스데반의 죽음은 후에 사울을 바울로 변화시키는 자리까지 이르게 한다. 즉 하나님의 열정은 세상의 열정을 가진 자를 하나님의 열정을 가진 자로 변화시키는 능력이 있다. 물론 이 과정을 지나면서 꼭 '자아의 죽음'을 겪어야만 가능한 일이지만 말이다. 그리고 마침내 하나님의 열정이 세상의 열정을 가진 자를 삼켜 버렸다.

사울이 바울이 되기 전에 품은 열정 : 배설물 열정

잠깐 여기서 우리는 질문하지 않을 수 없다. 도대체 '사울'이라는 이 청년이 어떤 사람이었기에 사람들이 그 앞에 스데반을 끌어다 놓았을까? 종교 지도자들은 사울 청년 앞에 나와, 그에게서 어떤 동의를 구했다. 여기서 그들이 얻고자 하는 동의는 다름이 아니라, "이 사람 죽여도 돼?"라는 잔인한 것이었다. 그리고 결국 그들은 청년 사울의 '오케이' 승인을 받고 그에게 고개를 끄덕이고, 스데반 집사를 첫 순교자로 만들었다. 그리스도의 한 귀한 사역자를 죽음으로 몰아넣은 사울이라는 이 열성당원 청년, 그는 도대체 어떤 사람이란 말인가? 도대처 왜 이리 열성적으로 광기를 뿜어내며 그리스도인들을 핍박했는가? 그는 뛰어나며 실력 있고, 사회적으로 인정받는 바리새인 중에 바리새인이었다. 그가 고백한 말을 들어보자.

"하기야, 나는 육신에도 신뢰를 둘 만합니다. 다른 어떤 사람이 육신에 신뢰를 둘 만한 것이 있다고 생각하면, 나는 더욱 그러합니다. 나는 난 지 여드레 만에 할례를 받았고, 이스라엘 민족 가운데에서도 베냐민 지파요, 히브리 사람 가운데서도 히브리 사람이요, 율법으로는 바리새파 사람이요, 열성으로는 교회를 박해한 사람이요, 율법의 의로는 흠잡힐 데가 없는 사람이었습니다."(빌 3:4-6, 표준새번역)

다시 말하면, 사울은 그의 존재가 바로 위에 나오는 형용어들(사회적인 위치와 배경)에 의해 정의되고, 그 정의된 모습에서 나오는 열정으로 살아가는 젊은 혈기의 청년이라는 말이다. 그렇다면 그의 존재를 설명하는 형용어들을 하나씩 살펴보자.

먼저 그는 태어나면서부터 명문가에서 태어났다고 말한다. 뼈대 있는 집안에서 말이다. 오늘날로 말하자면, 마치 미국의 부시 대통령의 가문과 비슷하다. 아버지가 대통령이었고, 본인도 대통령이며 그의 자녀들은 모두 뛰어난 대학에서 공부했다. 바울 역시 훌륭한 뼈대였던 베냐민 지파의 자손이었다. 이스라엘 역사상 최초의 왕이었던 사울왕이 바로 이 베냐민 출신이다. 그러므로 그는 왕족 출신이라는 말이다. 그의 몸속에서는 왕족의 피가 흘렀다. 오늘날로 치면, 자신의 배경이 마치 자기가 잘나서 주어진 것인 마냥 살아가는 바로 '벤츠' 탄 청년들처럼 말이다(여기서 '벤츠'는 특정한 자동차의 의미보다 상징적인 의미로 쓰임). 땀 흘리고 애씀으로 얻은 것이 아니다. 그냥 부모에게 받은 배경으로부터 받은 것인데, 마치 자기가 잘난 줄 안다. 그러나 그대는 아는가? 자신의 배경을 의지하는 열정은 배설물 열정이 된다. 그러나 오늘날 많은 청년들과 결혼상대를 찾는 자매들이 이러한 소망을 그리고 있다. 그러나 면밀히 살펴보면 결국 돈에 목숨 건 인생으로 추락시키는 것이 바로 사단의 방법이다.

우리가 꿈꾸는 지성 : 지식과 명예를 향한 열정

또한 그는 율법의 순수함을 지켜온 바리새인 중에서도 인정받는 주역이며, 사기와 열정과 패기가 넘치는 젊은 청년이라고 본인의 입술은 증거한다. 바리새인이라면 당시 율법 선생이며 따라서 교육자이고 리더이다. 13살 때에 바울은 이미 유대 역사, 시편의 시, 잠언의 글을 통달했을 것은 물론이며, 하나님의 말씀인 구약을 공부한 지성인이며, 성직자의 역할과 법률가의 역할도 감당했을 것이다. 더욱이 그는 헬라어와 히브리어, 두 언어에 능통했던 자였다. 오늘날로 말하면, 박사학위만 서너 개이고, 여러 언어를 구상하는 외교대사와 견주어 손색이 없는 인물이라 할 수 있다. 자신의 학식 수준이 보통이 아니라는 말이다. 요즘 말로 배경 좋고 학벌 좋은 '하이클래스(High-Class)'라는 말이다. 당신과는 수준이 다르다고 말하는 바울의 우쭐거림을 상상해 보라. 우리는 어떠한가? 그래도 학업에 목숨 건 인생이 먹을 것에 목숨 건 인생보다는 더 낫다. 그러나 분명한 사실은 자신의 재능과 지식을 의지하는 열정 또한 배설물 열정이 된다는 사실이다.

아마도 사울이 가만히 앉아, '나는 지금 어떤 사람이며 어떻게 살아가고 있는가?'를 홀로 고민한다면, 그는 분명 스스로 생각하기도 세상이 부러워하는 가문과 투철한 실력과 학력을 갖춘 최고의 엘리트이며, 세상에서 알아주는 실력자라고 생각했을 것은 자명한 사실이다.

우리가 꿈꾸는 리더 : 세상의 권력을 향한 열정

그는 또한 이미 젊은 나이에도 불구하고, 자신의 유능함과 배경 앞에서 벌벌 떠는 소인배 같은 주변 사람들과 자신을 리더로 떠받들어 모시는 사람들을 곁에 두고, 그들의 태도로부터 자신의 존재를 정의하고, 가슴 뿌듯해 하고 있었을지 모른다. 이것은 마치 과거 일제 침략 때, 많은 무리를 거느리며 주먹싸움을 하던 패거리들이 그들의 두목에게 "형님!" 하며 고개를 푹 숙이고, 그를 인생의 두목으로 따르는 모습을 연상케 한다.

그에게는 특별한 리더십이 있었던 것이 분명하다. 따르는 무리들을 거느리고 골목들을 누비는 그가 33세의 젊은 청년의 나이에 십자가를 지신 초라해 보이고 힘없어 보이는 예수를 구주로 믿고 따르는 그리스도인들을 경멸하며 증오하지 않았을 리 없다. 당시 예수 그리스도는 어떠했는가? 이스라엘 민족이 오랜 시간 기다리던 메시아상은 권력자였다. 자신들을 로마의 식민 통치에서 구원해 줄 만한 탁월한 권력자 말이다. 그러나 예수 그리스도는 초라하기 짝이 없게 십자가에 처형당하고 말았다. 세상에서 정의되고 있는 '최고'와 정반대 되는 메시아상(인류의 구원자)이 그를 더욱 큰 증오 속으로 빠뜨리는 원인이 된 것이다. 우리 자신은 어떠한가? 당신 안에 권력을 잡고 다른 사람을 좌지우지하고 싶은 욕망이 꿈틀거리고 있지 않는가? 그러나 자신의 권력을 의지하는 열정은 배설물 열정이 된다.

위와 같은 열정들의 결과로, 스데반 순교 사건 이후, 사울은 예수를 추종하는 교회를 없애려고 미친 듯 날뛰었다. 무언가에 씌인 듯, 누가 시키지 않았는데도 불구하고, 그는 집집마다 찾아 들어가서, 남자나 여자를 가리지 않고 끌어내어 감옥에 넘겼다(행 8:3). 이런 그의 악독한(?) 열정의 모습들은 이상하게도 개인적으로 오늘을 사는 나에게 소망을 안겨다 준다. 오늘날 영적 대가로 알려진 너무나도 커 보이고, 높은 곳에 있을 것 같은 바울 사도 역시 그의 인생 가운데 이러한 '배설물 열정'적 삶의 모습이 있었다는 사실이 지극히 평범한 우리에게 오히려 큰 위로가 되기 때문이다. 아마도 '그도 우리와 다를 바가 없다'라는 생각 때문임이 분명하다.

바울이 예수 그리스도를 만나기 전에는 분명이 이처럼 자신의 배경과 상황에 자신의 존재를 정의해 놓고, 그것들에 의해 지배당하고, 그것들을 통해 열정을 뿜어대며 세상의 최고의 위치에 오르려는 그런 인생을 살고 있었던 것이 분명하다.

배경이 그에게 열정의 근원이 되었다.

재물과 학식이 그의 열정의 의미가 되었다.

세상적인 성공과 권력이 그의 열정의 목적이 되었다.

그리고 이러한 열정으로 가득했던 그가 훗날 그 열정들이 모두 '똥'이라는 사실을 예수 그리스도를 통해 발견한다.

나의 열정은 어디에서 오는 열정인가?

나는 누구에게 인정받기 위해 애쓰고 사는가?

나는 오늘 그 무엇이 나의 존재를 한정하도록 놔둔 채 살아가는 인생인가?

이제 우리가 자신에게 겸허히 질문할 때다.

당신 것도 이제 배설물로 여기라

"배설물로 여김은 그리스도를 얻고 그 안에서 발견되려 함이니"(빌 3:8, 9)

성경은 우리 안에 있는 세상을 향한 다른 열정들을 제거하라고 말씀하고 있지 않다. 제거될 수 있을 만한 것이 아니기 때문일 것이다. 그러나 제거하지 못하는 대신 배설물로 여기라고 말씀하신다. 그만큼 그것에 많은

가치를 부과하지 말고 하찮게 여기라는 것이다. 돈이나 성공에 목숨을 걸지 말라는 것이다. 다시 말하면,

성공을 향하는 나의 마음은 똥이다.

명예와 돈을 향하는 나의 마음은 똥이다.

우리는 현재 돈을 좋아하는 세대에 살고 있다. 유명한 한국의 어떤 목사님의 말을 잊지 못한다. 그는 "나도 솔직히 돈이 좋습니다"라고 고백하는 것을 그분의 TV 강의를 통해 들었다. '깨끗한 부자(淸富)'라는 이 단어에는 우리가 사는 세대의 모습을 담고 있다. 그리스도인과 돈이 함께 가는 세대. 이것은 분명 아니다. 예수 그리스도를 아는 지식을 향한 열정과 그리스도인은 함께 가야 한다. 그런 그리스도인이 돈을 좋아해서는 안 된다. 특히 청년일 때는 더욱 그래서는 안 된다. 청년의 시기부터 돈을 좋아해 버리면, 훗날 중년이 되면 돈밖에 좋은 일이 없게 되리라. 그러므로 우리는 스스로 외쳐야 한다.

청년들이여, 배설물로 여기라.

돈과 명예를 향한 열정을,

겉치레의 아름다움과 편안함과 성공을 위한 열정을.

부자를 꿈꾸는 청년, 지성인을 꿈꾸는 청년, 리더를 꿈꾸는 청년…. 우리들에게 있는 뜨거운 열정의 방향과 목적을 예수 그리스도로 향하게 할 수만 있다면, 그때에 하나님이 그러한 자들에게 주시는 약속이 있다는 사실을 경험하게 될 것이다. 다시 말하자면, 우리가 이토록 세상을 향한 열

정들을 배설물로 여기게 되면 하나님이 우리에게 주시는 것이 두 가지가 있다고 성경은 바울의 입술을 통해 증거한다. 그 두 가지 중 하나는, '그리스도를 얻는다'(빌 3:8후)이고, 또 다른 하나는 '그(그리스도) 안에서 발견되려 함'(빌 3:9전)이다. 그리고 이 두 가지를 통해서 우리는 새로운 열정을 갖고 새로 태어나는 것이다.

배설물로 여기고 받는 약속 #1 : 그리스도로 충분한 인생

"그리스도를 얻고…"(빌 3:8후)

이것은 굉장히 중요한 것이다. 세상을 향한 열정들이 모두 배설물이 될 때, 비로소 우리는 그리스도를 얻는다. 그리스도가 내 인생의 주관자가 되어 주신다는 의미이며, 더 깊이 들어가면 그분이면 충분한 인생이 된다는 말이다. 예수 그리스도만으로 만족하는 인생 말이다.

"여호와는 나의 목자시니 내게 부족함이 없으리로다. 그가 나를 푸른 풀밭에 누이시며 쉴 만한 물가로 인도하시는도다."(시 23:1-2)

시편 기자의 이 고백에는 숨겨진 비밀이 있다. 그분께서 목자 되심으로 내가 필요한 것을 그분께서 채워 주신다는 말씀이 아니다. 오히려 내게 더 이상 부족한 것이 없어진다는 말이다. 내가 부족한 것이 없으니 필요한 것도 없다. 필요한 것이 없으니 다른 무엇을 바라지도 않는다. 예수 그리스도만 있으면 된다는 말이다. 성공과 명예, 돈이 더 이상 이슈가 되지 않는다.

『그리스도만으로 충분한 기독교』(*Our Sufficiency in Christ*)의 저자 존 맥아더(John MacArthur) 목사님은 선포하신다.

그리스도를 소유하는 것이 곧 모든 영적인 원천을 소유하는 것이다. 우리에게 필요한 것은 그리스도 안에서 발견되는 것뿐이다. 우리는 그리스도에 무언가를 덧붙이려고 시도하기보다는 다만 그리스도 안에서 이미 우리의 소유인 자원들을 사용하는 법을 배워야 한다.

"한 번 주어진 인생, 성공 한번 해야 하지 않겠는가?"

간혹 내가 듣는 말이다. 아마도 세상적 성공을 경험해 본 사람, 재물을 많이 소유해 본 경험이 있는 사람이 우쭐거리며 하는 말인 것 같다. 그러나 오늘은 바울의 말에 귀를 기울이는 것이 좋을 것이다. 세상이 주는 성공보다 더 귀한 것을 얻게 될 것이다. 바로 예수 그리스도를 얻게 되는 것이다. 예수 그리스도, 바로 그분께서 내 인생의 주인 되신다. 그리고 전 우주를 창조하신 그분께서 주인이 되실 때, 내게는 부족함이 없다.

배설물로 여기고 받는 약속 #2 : 새로운 발견

"그(예수 그리스도) 안에서 발견되려 함이니…."(빌 3:9전)

두 번째 하나님께서 우리에게 주시는 약속은 세상을 향한 열정들을 모두 배설물로 여기게 되면 나의 참된 존재가 어떠한가를 발견하게 된다는 것이다. 그런데 문제는 반드시 '그 안에서,' 즉 '예수 그리스도를 통해서' 발견되어야만 한다는 사실이다. 이 부분에 대해서는 이제부터 좀 더 깊이 살펴보자.

새로 발견된 나의 존재, 그리고 그곳에서 솟구치는 열정

한번은 딸아이를 데리고 서커스를 보러 갔다. 당시에 본 광경 중, 한 장면을 나는 결코 잊을 수가 없다. 커다란 그물 속에서 한 조련사와 잘 길들여진 호랑이 여섯 마리가 펼치는 그야말로 흥미진진하고 가슴을 졸이게 하는 쇼였다. 최소한 보통 어른의 세 배 가량 되는 크기의 몸뚱이를 지닌 정글의 왕 호랑이들이, 그것도 여섯 마리씩이나, 조그마한 조련사의 막대기에 맞추어 옆으로 구르기도 하고, 앞다리를 올려 재롱(?)을 피우기도 한다. 이 호랑이들을 다루는 조련사가 대단하기도 했지만, 실은 이 호랑이들을 향해 아쉬움과 안타까움이 생기기 시작했다. 심지어는 내가 목격하고 있는 동물들이 정말 호랑이인가 의심이 갈 정도로 그 광경은 나를 안쓰럽게까지 만들었다. 실로 내가 보고 있는 이 동물들은 자신이 정글의 왕, 호랑이라는 존재를 망각하고 사는 고양이 여섯 마리에 불과했다. 그들은 본래 자기가 어떤 존재인지 알까? 순간 한 가지 질문이 더 생긴다.

'나는 나의 본래의 존재가 어떠한지 알고 살아가고 있는가? 아니면 나의 현 모습도 이들 호랑이들처럼 본래의 모습을 잊고 망각 가운데 사는 것은 아닐까?'

정글을 누비고, 모든 야생동물들의 두려움의 대상이 되어야 마땅한 동물의 왕, 호랑이처럼 이 땅을 정복하고, 나 자신의 욕구들과 열정들을 정복해야 할 우리도 '하나님의 청년 된 본질'을 망각하고 살아가고 있지는 않은가 말이다.

그리스도 안에서 새로운 자신을 발견하기까지 사울 역시 이 '고양이 같은 호랑이'와 마찬가지로 본인의 존재를 완전히 망각한 모습이었다. 그는 분명 그리스도인들을 미워하고 살인까지 허용한 아주 비열한 인간이었다. 그랬던 그가 예수 그리스도를 다마스쿠스에서 만나 자신의 본질을 재발견한 것이다.

그리스도 안에서 나의 새로운 발견

사울은 스데반 집사의 순교 이후 거의 실성하다시피 그리스도를 따르는 제자들을 위협하며 살기를 띤 채 다마스쿠스로 향했다. 그곳에 있는 남녀를 불구하고 예수를 따르는 제자들을 모두 잡아들여 예루살렘으로 끌고 오려는 목적을 가지고 말이다. 그런데 그가 다마스쿠스에 거의 다가갔을 무렵, 길을 가던 그에게 갑자기 환한 빛이 비취었다. 그는 너무나도 밝은 빛 때문에 그 자리에서 나동그라졌다. 그리고 부활하신 예수님은 엎드려 있는 그에게 말씀하셨다. 그는 3일 동안 앞을 보지 못하고 암흑 속에서 물 한 방울도 마시지 못한 채 시름을 앓게 되었다.

여기서 구체적으로 바울 사도와 부활하신 예수 그리스도의 대화 중심 한가운데로 들어가 보고자 한다. 바로 바울이 땅바닥에 나동그라졌을 때, 들려오는 분명한 그리스도의 음성은 다음과 같다.

“사울아, 사울아, 네가 왜 나를 핍박하느냐?”

“주님, 누구십니까?”

“나는 네가 핍박하는 예수다. 일어나서 성 안으로 들어가거라. 네가 해야 할 일을 일러 줄 사람이 있을 것이다.”

이 짧은 대화가 사울의 인생 전체를 통째로 뒤바꿔버리고 그의 열정의 목적과 방향이 송두리째 변화되는 결과를 초래했다. 이 순간 무슨 일이 있었고 사울은 무엇을 발견한 것인가?

부활하신 예수 그리스도

놀랍게도 그는 그 엎드려진 자리에서 부활하신 예수님을 만났다. 여기서 그가 만난 그리스도 예수는 방금 탄생하신 마구간의 아기 예수가 아니고, 3년 동안의 공생애를 사시는 동안 사역하시던 청년 예수님도 아니고, 십자가에 막 달려 죽어가시는 십자가의 예수님도 아니시다. 그가 만난 그분은 바로 부활하신 예수 그리스도이셨다.

이 사실은 매우 특별하다. 그 이유는 부활하신 예수님만이 사울이 가지고 있던 모든 생각과 오래 자리 잡은 관념들과 확신들, 그리고 열정들을 새롭게 변화시킬 수 있으셨기 때문이다. 우리가 살펴보았듯이, 바울은 바리새인 중에도 가장 순전한 바리새인이었다고 스스로 자부한다. 그런데 그때까지 바리새인들이 예수 그리스도의 공생애 동안 한 일들을 생각해 보라. 예수가 하나님을 모욕한다는 명분으로 그를 반대하고 급기야 십자가에 매달아 처형하기에 이르게 했던 장본인들이 바로 그 바리새인들이 었지 않은가? 그들 중 하나였던 바울 역시 마찬가지였을 것이다. 그가 부 활 이전의 예수 그리스도를 만났다면 그는 결단코 본인이 믿고 있고 확신 하고 있는 진리(그러나 잘못된 진리)를 그리스도 앞에서 굽히지 않았을 것은 당연하다. 마치 예수 그리스도의 공생애 당시 다른 바리새인들이 그랬던 것처럼 말이다. 하나님은 이처럼 우리 개인에게 가장 알맞게 다가오신다. 모두가 저 사람만큼은 변할 수 없을 것이라고 확신하고 있을 때, 하나님은 그분의 때에 그에게 다가오신다.

그런 바울이 부활하신 예수 그리스도를 대면하게 되자, 3일 동안 눈이 가리워졌다. 여기서 두 가지 질문을 하지 않을 수 없다. 왜 다른 여러 방법 들 가운데에서 하필이면 그의 눈을 멀게 하셨을까? 다리를 절게 한다던가 (성경에서 야곱이 하나님의 천사와 씨름 후, 꼬리뼈를 다쳐 다리를 절게 된 사건), 귀가 막히게 한다던가, 등등 다른 많은 방법 중에서도 눈을 멀게 하신 이유를 생각해 보자. 또 다른 질문 하나는, 그가 캄캄한 어두움 속에서 무엇을 생 각했을까 하는 것이다. 그것도 3일이라는 긴 시간 동안 말이다.

암흑 속의 3일 - 그리스도의 청년, 당신에게도 꼭 필요한 시간

"그 안에서 발견되려 함이니."(빌 3:9전)

미국에 부모님을 따라 처음 도착했을 때, 비록 눈은 떴어도 귀와 입이 모두 막혀 어려운 시간을 보냈던 아픈 기억이 있다. 듣기는 해도 무슨 소리인지 알 수가 없었고, 말은 더더욱 하지 못해 학교 수업을 마치고 집에 돌아오면 입에서 쉰 맛이 날 정도였다. 하도 오랫동안 입을 다물고 있어서 공기가 잘 통하지 않아서 그런 것이었는데, 그 당시에는 알지 못해 의아하기만 했다. 그 당시 나는 분명 내가 속하지 않은 '새로운' 세상 가운데 있었던 것이다. 그 세상은 내가 전혀 익숙하지 않은 세상이다. 그동안의 경험과 실력, 재능 모두가 무용지물이었고, 아무도 나를 알아주지 않았다. 그 당시의 나는 한국에 속한 사람도 아니고 미국에 속한 사람도 아닌 '어중간한 세상'을 체험하면서 어두움을 경험했고, 그 시간은 도리어 나에게 하나님을 더욱 절실하게 부르짖게 만들어 준 시간이 되었다. 그래서 결과적으로는 그분과 더 깊은 교제를 나눈 시간이 되었다.

그렇다면 사도 바울은 이 캄캄한 어두움 속에서 도대체 무엇을 생각했을까? 성경은 이 질문에 직접적인 해답을 제시하고 있지 않다. 그러나 분명한 사실은 그가 캄캄한 어두움 속에서 기도하며, 살아 계신 하나님과 부활하신 예수 그리스도를 묵상했을 것은 두말할 필요도 없다. 그리고 부활하신 예수 그리스도를 대면하며 나눈 대화, "사울아, 사울아 네가 왜 나를 핍박하느냐?"의 의미를 계속하여 되새김질하고 묵상했을 것이다.

그리고 그는 깊은 '어두움의 세상' 속에서 참된 빛과 진리 되신 하나님을 고대하며 찾았다. 그가 진정으로 빛의 자녀가 되기 위해서 먼저 본인이 어둠의 자식이었음을 절실하게 깨닫게 해 주는 이 긴 어둠의 3일이 그의 인생 가운데에 절실하게 필요했다. 또한 이 3일 동안의 캄캄한 어두움은 자신의 삶을 되돌아보는 계기도 되었으리라. 바로 이 시간은 그가 여태껏 열심히 달리던 달음박질을 멈추고 잠시 '머뭇거리는 시간', 곧 절대적인 그만의 시간이며 과거 자신의 열정의 이유들을 재대로 되새김질해 보는 시간이 되었던 것이 분명하다.

바로 이러한 시간이 우리에게도 필요하다.

우리는 너무 정신없이 하루하루를 보낸다. 특히 청년의 시기에는 더욱 그러하다. 내게 주어진 시간은 내 시간이 아니다. 삶에 치어 이리로 저리로 끌려다니는 인생, 그것이 빠르게 변화하는 현 사회에서의 두드러진 현상이다. 이러한 시간들 가운데 우리는 모든 것을 잠시 정지하고, 절대적인 나와 하나님과의 시간, 바로 3일의 캄캄한 시간이 필요하다. 고난이 우리에게 주어진 이유도 이 때문이다. 신기하게도 우리가 가장 하나님과 멀리 있을 때, 사울이 예수님으로부터 가장 먼 자리에 있을 때 그러했듯, 이 암흑의 3일은 어김없이 우리에게도 찾아온다.

나에게도 그랬다. 영적으로 주님과 멀리 있었을 때, 새로 태어난 딸아이가 소파에서 굴러떨어지는 사건이 있었다. 의사는 내게 괜찮다고 말해 주었지만, 48시간을 지켜봐야 한다고 했다. 그 시간은 내게 암흑과 같은 시간이었다. 이 시간 동안 나는 오래 전 친구 되어 주셨던 주님, 그러나 지금은 너무 멀리 계신 그분을 다시 그 옛 친구의 자리로 모셨다. 그리고 결국 이 암흑은 도리어 나에게 은혜의 자리가 되었다.

그러나 단지 고난의 시간만이 이 암흑의 시간은 아니다. 우연히 찾아오는 고난이 아니라, 우리가 작정을 하고 금식하며 주님을 간구하는 그 시간도 오래 망각했던 나의 본질 된 모습을 주님 앞에서 새로 찾고 발견하는 그러한 은혜의 암흑의 시간이 될 수도 있다. 특히 우리가 청년일 때에 이와 같은 3일의 암흑의 시간이 경험되어야 한다. 그래야 주님을 더욱 깊이 알 수 있기 때문이다. 그래서 나는 청년인 당신에게 도전한다. 고난을 은혜로 알라고. 그리고 고난을 기다리지 말고 스스로 결단을 하고 이 암흑의 자리로 뛰어들어, 세상에서 알지 못하는 하늘로부터 부어지는 은혜의 홍수를 경험하라고.

이제 우리는 앞에서 질문한 것의 해답을 찾아야 한다. 왜 다른 방법도 많은데, 하필 사울의 눈을 멀게 하셨을까? 우리가 알듯, 눈은 보는 역할을 한다. 그러므로 눈이 멀었다가 다시 뜬 것은, 우리에게 새롭게 펼쳐진 세상을 보는 것을 의미한다. 3일이 지나 사도 바울이 눈을 뜰 수 있게 되었을 때(눈에서 비늘 같은 것이 벗겨지고), 그는 완전히 새로운 세상을 보고 있었다. 그에게 주어진 새로운 시야, 새로운 관점을 통해서 보는 이 새로운 세상은 도대체 어떤 세상인가? 암흑이 걷히며 새롭게 발견된 것은 바로 하나님께서 주관하시는 세상, 그의 아들을 통해 은혜의 해가 선포된 세상(눅 4:19), 그토록 그가 목숨 바쳐 지켜온 율법의 효력이 더 이상 필요하지 않게 된 세상이 눈앞에 펼쳐진 것이다. 즉 그가 저주하며 피 토한 그리스도인들이 실제로는 참 진리를 따르는 사람들임을 꺼닫게 된 순간이었다. 그리고 초라하기 짝이 없이 십자가 위에서 피 흘리신 그분이 참 메시아, 구세주라는 진리는 자기로 하여금 자부심을 갖게 했던 모든 다른 열정들을 배설물로 여기게 하는 데 전혀 부족함이 없었다.

오랜 세월, 배설물 열정을 가지고 빗나간 인생을 살아온 사울의 인생. 자신의 배경을 토대로 자신을 정의하며 살아온 지난 인생들을 그는 정직하게 살핀다. 누구든지 이처럼 예수 그리스도를 인격적으로 만나게 되면, (비록 바울 사도와 똑같은 과정을 거치지 않을지라도) 우리는 분명 이 순간, 예수 그리스도 없이 살아왔기에 빗나간 지난 인생과의 만남을 경험하게 된다. 그리고 그가 눈을 떴을 때에는 모든 것이 변한다. 곧 새로운 관점으로 다시 세상을 내다보는 것이다. 그가 생각하고 확신하던 모든 것이 다 거짓이고 가짜임을 깨닫는다. 그러므로 전부다 똥이라는 말이다. 무엇보다도 그가 깨달은 것은 그리스도 안에서 본인의 존재가 어떤 존재인가의 실체를 부활하신 그리스도 안에서 제대로 새로이 발견하게 된 것이다.

"…배설물로 여김은 그리스도를 얻고 그 안에서 발견되려 함이니…."

그리고 곧 그리스도 안에서 새롭게 발견된 자신은 자신의 모든 것, 즉 삶의 방향, 열정, 목적, 현재의 삶의 모습, 세계관 등을 재해석하기 시작한다. 그렇다면 이제 바울이 새롭게 정립한 자신의 존재의식은 어떠한지, 그는 그리스도 안에서 다음과 같은 진리를 발견한다.

다시 찾은 기독청년의 기본진리

"나는 죄인이다. 잘못된 진리를 따르던 죄인. 나는 하나님의 존재를 유대교를 통하여 믿었다. 내가 그동안 알았던 하나님은 침묵하시는 하나님, 율법이라는 줄자에 맞추어 나에게 진노하시는 하나님이셨다. 그분은 늘 내게서 멀리 계셨고, 나는 그분을 잘 알지 못하였다.

그러나 나를 그토록 사랑하시는 하나님의 사랑, 그분의 마음을 비로소 부활하신 예수 그리스도를 통하여 알게 되었다. 그분이 나를 위해 십자가를 대신 짊어지셔야 했다. 내가 마땅히 감당해야 할 십자가의 고통과 아픔을 그분께서 감당하신 것이다. 그리고 죽음에서 부활하심으로 사망권세를 이기셨고 나와 하나님과의 관계를 회복시키셨다. 그런 내가 이제 그분의 자녀가 되었다. 원수 망나니 같던 '나'라는 인생을 부르시고 용서하셨고, 그분이 나를 택하셨다. 그리고 나에게 영원한 생명, 영생을 주셨다. 그러므로 이제 나는 분명한 전능하신 하나님의 자녀이며 예수 그리스도의 피로 사신 바 된 하나님의 사람이다."

당신은 예수 그리스도를 인격적으로 만났는가? 당신도 바울의 고백과 같은 고백을 당신의 입술을 통해 선포하였는가? 자신의 본질을 이제 제대로 발견한 당신은 결코 그 자리에 머물러 있을 수 없다. 당신 안에 솟구치는 열정을 느끼는가? 이 새로운 열정은 당신의 모든 것을 요구한다. 그리고 마치 종교개혁자 칼빈이 반응했던 것과 다찬가지로 우리 역시 살아 계신 하나님께 이렇게 고백하게 된다.

즉시,
그리고 신실하게,
나의 심장을 바칩니다.

2장

전제의 열정

"전제와 같이 내가 벌써 부어지고 나의 떠날 시각이 가까웠도다."(딤후 4:6)

*"내가 달려갈 길과 주 예수께 받은 사명 곧
하나님의 은혜의 복음을 증언 하는 일을 마치려 함에는
나의 생명조차 조금도 귀한 것으로 여기지 아니하노라."(행 20:24)*

- 바울 사도의 멈출 수 없는 전제의 열정

우리가 청년일 때, 우리의 열정이 머물러야 할 곳이 있다. 그것은 하나님께서 인간을 창조하실 때부터 청년이라는 시기를 넣어 두고, 이 청년의 시기에 그 어느 때보다 들끓는 열정을 심어 두신 이유이기도 하다. 우리는 세상에 존재하는 열정을 단순하게 나누었을 때, 두 가지 열정이 존재함을 알 수 있다고 말했다. 이 두 가지는 곧 배설물 열정과 전제의 열정이다. '배설물 열정'은 앞에서 살펴보았고, 이제 전제의 열정을 살펴보고자 한다.

배설물 열정의 주인공 사울이 바울 사도가 된 후, 그의 사역이 거의 마무리될 때, 그는 충실한 청년 수제자 디도데에게 다음과 같은 고백을 한다.

"전제와 같이 내가 벌써 부어지고 나의 떠날 시각이 가까웠도다."(딤후 4:6)

배설물 열정에서 시작한 바울 사도, 그는 자신의 열정을 성공과 권력, 그리고 자신의 배경에서 찾았던 사람이었다. 그러나 그가 부활하신 예수 그리스도와의 만남을 체험하고, 주 안에서 성숙해지면서 이제는 '전제와 같은' 변화된 인생을 살아간 것이다. 후에 바울은 자신에게 남은 시간이 얼마 없음을 인식했을 때, 그가 마지막으로 더욱 열정을 쏟아부어야 할 곳이 어디인지를 분명히 알고 있었다. 그렇다면 여기서 '전제'란 무엇인가? 제사를 지낼 때 향을 내기 위해 부어지는 포도주를 전제라 한다. 피비린내와 피와 제단에 올려진 짐승의 살이 타는 냄새에 포도주가 부어지면서 오히려 부드러운 향을 내도록 한다.

여기서 주인공은 십자가에 못 박히신 예수 그리스도, 그분이 우리의 죄악을 감당하셨다. 그분께서 오르신 십자가 위에는 사실상 만민의 더러운 죄가 더덕더덕 붙어 있다. 흉악하고 사악한 온갖 세상의 죄들을 그분께서 홀로 그 위에서 감당하셨다. 그리고 그 위에 포도주, 곧 나의 전제의 열정이 부어진다. 그러면 거기서 그리스도의 향기가 풍겨 나오기 시작한다. 나는 불에 타므로 그리스도의 향기를 내고, 그분이 내 인생의 주인공이 되신다. 바울은 바로 이곳에 그의 마지막 남은 열정까지도 다 부어버리기를 원한다고 고백하고 있다. 그리고 이것이 곧 그의 유언이 되어, 훗날 그의 아들과 같던 수제자 청년 디모데, 그도 역시 자신의 젊음의 열정을 같은 이 자리에 쏟아붓도록 권고한 것이다.

따라서 전제의 열정이란 나의 열정이 완전히 드려진 후, 그 결과가 나의 번영, 나의 성공, 나의 자랑으로 나타나지 않고, 그 대신에 예수 그리스도의 이름이 높여지고, 그분이 찬양을 받게 되고, 그분의 이름이 자랑이 되는 결과를 초래하게 되는 것을 의미한다. 전제의 열정의 다른 또 하나의 특징은 '새 생명을 얻은 자만이 가질 수 있다'는 사실에 있다. 예수 그리스도를 통해서 자신의 참 존재를 발견한 사람만이 가질 수 있는 특권이라는 말이다. 나는 당신이 청년일 때에 이 열정을 소유할 수 있는 자가 되기를 소망한다. 다른 관점에서 좀 더 깊이 살펴보면, '전제와 같이 부어진다'는 것에는 이미 죽었다는 의미를 담고 있다.

"내가 그리스도와 함께 십자가에 못 박혔나니 그런즉 이제는 내가 사는 것이 아니요 오직 내 안에 그리스도께서 사시는 것이라. 이제 내가 육체 가운데 사는 것은 나를 사랑하사 나를 위하여 자기 자신을 버리신 하나님의 아들을 믿는 믿음 안에서 사는 것이라."(갈 2:20)

따라서 나의 젊음의 열정은 다 죽는다. 성공을 향해 달리던 열정, 이성을 향했던 나의 열정, 명예와 학식과 돈을 향했던 열정은 다 타고 없어진다. 오로지 전제의 열정만이 타오르는 것이다. 그리스도의 향만이 타오르는 것이다. 나의 삶 속에 나타나는 이 전제의 열정은 곧 그리스도의 향으로 드러난다. 이 열정이 타오를 때에 그리스도의 향기가 온 땅을 가득 채우게 되는 것이다. 그렇다면 이 전제의 열정은 구체적으로 어디에 머물러야 그리스도의 향이 될 것인가? 바울 사도는 다음과 같이 증거한다.

"또한 모든 것을 해로 여김은 내 주 예수 그리스도를 아는 지식이 가장 고상함을 인함이라."

전제의 열정이 쏟아지는 곳 #1 : 예수 그리스도를 아는 지식

첫째, 청년의 열정이 주님 앞에 전제의 열정으로 드려져야 하는 곳은 바로 '예수 그리스도를 아는 지식'에 있다. 모든 열정과 시간, 땀, 희생을 동원하여 청년인 당신은 바로 이 자리에 올인(All-in)을 해야 한다. 청년들이 이성에 목숨 걸고, 성공에 목숨 걸고, 학업에 목숨 걸고, 또는 직장승진에 목숨 거는 모습들을 자주 보는데, 이런 것에 목숨 걸지 말고 예수 그리스도를 아는 지식에 목숨 걸라는 말이다. 그럼 어디서부터 시작해야 할까?

예수 그리스도 그분을 알기 원하나이다.
예수 그리스도 그분의 생각과 그분의 마음과, 그분의 손길이 내 안에서 체험되고 경험되기를 원하나이다.

이 기도를 가지고 시작하는 것이다.

그런데 여기서 지식이라 함은 단지 우리의 지성을 말하는 것이 아니다. 특히 청년인 당신에게 있어 예수 그리스도를 아는 지식이 주로 어디에서부터 오는가? 청년이라는 시기는 행동과 실천이 가장 두드러진 시기이다. 복음을 전하기 위해 당장 다음 주에 아프리카로도 훌훌 털어버리고 떠날 수도 있으며, 말씀만 의지하고 돈 한 푼 없이 속옷 하나 접어 등에 메고 성경 하나 옆에 끼고 한 번도 가보지 않은 땅으로 들어갈 수 있는 것도 청년이기에 가능하다. 즉 청년은 말씀을 실천하는 자리, 바로 그 자리에서 예수 그리스도를 가장 많이 알게 되고 배우게 된다. 그래서 청년이 특별한 것이다. 지식으로 예수 그리스도를 이해하기 쉬운 중년 시기가 아니다. 죽음을 앞에 두고 두려워 억지로 믿고자 하여 믿는 노년 시기도 아니다. 또한 쉽게 머리로 이해하기 어려워 무심코, 습관적으로 예수 그리스도를 이해하려 했던 어린아이 시기도 아니다. 예수 그리스도를 체험적으로 경험하는 청년의 실천적 삶이야말로 그분을 가장 가까이 경험하며 그분을 알아가는 귀중한 시기임이 분명하다. 수박에 대해 머리로 공부해서 아는 것과 시원한 강가에 둥둥 띄워 반으로 쪼악 갈라 한 입 크게 베어 먹음으로 알게 되는 수박의 맛의 차이가 현저히 다르다. 앤드류 머레이(Andrew Murray)는 자신의 저서 『위대한 영성』(*The Inner Life*)에서 청년들에게 이렇게 충고한다.

젊은 그리스도인들이여, 하나님이 그분의 말씀의 보물 창고로 당신을 인도해 주시기를 기도하라. 자신을 살아 있는 희생제물로 드릴 수 있는 사람처럼, 하나님이 말씀하신 것은 그 무엇이든 다 행할 준비가 되어 있는 사람처럼 행하라.

우리는 무엇보다도 성경말씀을 잘 알아야 실천도 할 수 있다. 그러므로 말씀 묵상과 연구에도 청년의 열정이 쏟아져야 할 곳임에 의심할 여지가 없다. 바울 사도는 디모데에게 또다시 권고한다.

"너는 진리의 말씀을 옳게 분별하며 부끄러울 것이 없는 일꾼으로 인정된 자로 자신을 하나님 앞에 드리기를 힘쓰라."(딤후 2:15)

말씀을 알고 옳게 분별하는 것이 절대적으로 필요하다. 따라서 젊었을 때 한 시간이라도 더 말씀을 연구하고 묵상해야 한다. 성경을 늘 곁에 두고 살아야 함은 물론이요, 매일 읽고, 묵상은 물론이요, 연구하고 가르치고, 선포해야 한다.

"청년들이여, 하나님의 말씀에 생명을 걸라!"

하루는 시편기자가 묻는다.

"청년이 무엇으로 그의 행실을 깨끗하게 하리이까."(시 119:9)

그리고 곧 이 질문에 스스로 답한다.

"내가 주께 범죄하지 아니하려 하여 주의 말씀을 내 마음에 두었나이다."(시 119:11)

오늘을 사는 우리 그리스도의 청년들은 이 부분을 주의 깊이 묵상할 필요가 있다. "주의 말씀을 내 마음에 두었나이다."

주의 말씀을 머리에만 두면 결코 안 된다. 그럼 머리만 뜨거워지고, 가슴은 늘 서늘하다. 주님의 말씀을 마음에 두어야 한다. 마음이 뜨거워져야 한다. 마음은 모든 행동과 실천의 발전소가 되기 때문이다. 그러므로 마음에 말씀이 심겨져야, 비로소 우리가 삶이 변하고 그리스도를 우리의 삶 속에서 체험적으로 알 수 있게 된다. 당신이 청년이기에 이것이 더욱 가능해지고, 바로 이 시기에 예수 그리스도를 체험적으로 더욱 깊이, 더욱 절실히, 더욱 가까이 경험할 수 있기 때문에, 결코 이 시기를 다른 일에 낭비하거나 놓쳐서는 안 된다.

오스 기니스(Os Guinness)의 『소명』(*The Call*)에서 그는 말한다.

요즈음 상황에서 교회가 직면한 가장 깊은 차원의 도전은 정치나 이데올로기의 도전이 아니며 군사적인 도전은 더더욱 아니다(물론 아직도 이러한 도전을 받는 지역에서 사역하는 교회도 있으나). 그것은 영적이고 신학적인 도전인데, 그것은 무엇보다 믿음을 행위로 표현하며 말을 행동으로 실천하는 것이다.

"그들을 진리로 거룩하게 하옵소서. 아버지의 말씀은 진리니이다."(요 17:17) 예수님은 오늘도 이렇게 당신을 위해 기도하신다.

전제의 열정이 쏟아지는 곳 #2 : 하나님의 은혜의 복음증거하는 일

"내가 달려갈 길과 주 예수께 받은 사명 곧 하나님의 은혜의 복음을 증언하는 일을 마치려 함에는 나의 생명조차 즈금도 귀한 것으로 여기지 아니하노라."(행 20:24)

위 본문의 바로 이 부분, '하나님의 은혜의 복음을 증언하는 일'이 그리스도 청년의 열정이 전제와 같이 부어져야 하는 또 다른 곳이다. 복음 증거. 이것은 곧 말씀선포를 포함하고, 삶으로 예수 그리스도를 드러내야 하는 것을 포함하며, 직장에서 동료들에게 나누는 말씀도 포함한다. 선교와 전도는 물론이요, 가난하고 불쌍한 아이들을 돌보는 일, 나이 드신 노인과 과부를 살피는 일, 그리고 몸이 불편한 장애인들을 섬기는 일도 '복음을 증언하는 일'에 포함되는 것은 물론이다.

우리가 잘 알고 있는 D. L.무디(Dwight Lyman Moody) 목사님은 17세에 돈을 벌기 위해 집을 나와 신문 배달을 했는데, 얼마 가지 못해 해고를 당했다. 그 후 그의 삼촌의 구두 가게에서 네 가지 조건 아래 구두 수선 일을 하였다. 그중 하나가 교회 주일학교에 출석하는 것이었다. 처음에 그는 그 것에 관심이 없었다. 가난한 환경에서 태어난 그의 관심은 돈을 빨리 많 이 벌어 세상 속에서 성공하는 것이었기 때문이다. 그런 그가 일 년 후, 예 수님을 인격적으로 영접하고 그의 열정의 방향은 바뀌었다. "하루 동안 한 명 이상에게 복음을 전하지 않고는 잠을 자지 않겠노라." 그 후 무디는 그 의 생애를 통해 2억 명이 넘는 사람들에게 하나님의 말씀을 전했다.

복음은 '좋은 소식'이다. 그 좋은 소식은 예수 그리스도가 우리의 인생 의 주인 되시며 우리에게 참 생명과 영원한 생명을 주시는 이심을 알리는 것이기 때문이다. 바울 사도 역시 이 일에 자신의 온 삶을 바친다.

"내가 수고를 넘치도록 하고 옥에 갇히기도 더 많이 하고 매도 수없이 맞고 여러 번 죽을 뻔하였으니 유대인들에게 사십에서 하나 감한 매를 다 섯 번 맞았으며 세 번 태장으로 맞고 한 번 돌로 맞고 세 번 파선하고 일 주 야를 깊은 바다에서 지냈으며 여러 번 여행하면서 강의 위험과 강도의 위 험과 동족의 위험과 이방인의 위험과 시내의 위험과 광야의 위험과 바다 의 위험과 거짓 형제 중의 위험을 당하고."(고후 11:23-26)

부활한 예수 그리스도를 만난 바울 사도는 변화 속의 변화를 매일 계속 경험한다. 결국 그는 거친 야성을 가지고 그리스도와 복음을 위해 세상을 향해 돌진하고 많은 상처투성이가 된다. 그러나 어떠한 삶의 곤욕과 아픔 도 그를 땅바닥에 주저앉게 내버려 두지 못했다. 그는 분명 자신의 열정이 머물러야 할 곳이 어디였는지를 분명하게 알고 있던 영적 지도자였다.

"내가 복음을 부끄러워하지 아니하노니 이 복음은 모든 믿는 자에게 구원을 주시는 하나님의 능력이 됨이라."(롬 1:16)

우리도 역시 지금 이러한 전제의 열정을 예수 그리스도를 아는 지식과 은혜의 복음을 선포하는 곳에 쏟아부어야 한다. 우리의 나이를 막론하고 하나님께서 허락하시는 청년의 열정을 가지고 말이다.

주님,

다시 한 번 주를 바라봅니다.

삶에 치여 주를 바라보지 못했습니다.

바쁨 속에서 주를 향한 열정이 식어 버렸습니다.

다시 회복시켜 주시옵소서.

청년의 열정을 회복하게 하소서.

그리고 나를 새롭게 하소서.

주의 인자하심과 주의 열정으로.

오늘을 살고 있는 주의 청년이 이 새벽에 울부짖습니다.

3장
나의 **열정**이 머무는 곳

나 역시 청년일 때의 순결함은 이토록 열정적이고 강력했던 것을 기억한다. 바울의 열정적 삶을 보여 주는 그의 고백을 보라.

"내가 달려갈 길과 주 예수께 받은 사명 곧 하나님의 은혜의 복음을 증언하는 일을 마치려 함에는 나의 생명조차 조금도 귀한 것으로 여기지 아니하노라."(행 20:24)

나 자신을 살핀다. 나에게도 전제의 열정이 끓고 있는가, 지금?

오늘 아침부터 정신없이 환자를 진료하고, 또 요금납부일이 얼마 남지 않은 수수료들을 지불하느라 이리 뛰고 저리 뛰던 아침을 넘기고, 잠시 점심에 시간을 내어 밖으로 나왔다. 스트레스로 인해 숨이 막힐 것 같았다. 운전을 하며 좀 쉬는 시간을 가져야 한다는 생각이 들었다. 멀리 보이는 나무들이 가을의 멋을 양껏 뽐내고 있었다.

'가을이 아름답다.'

한참을 가다 보니 어느새 묘비가 많은 묘지 앞에 잠시 머물게 되었다.

'이렇게 가까운 곳에 묘지가 있었구나.'

나는 차에서 내려 조용한 그곳을 거닐며 주변을 살폈다. 어느덧 나는 하나님 앞에 기도하고 있었다.

'주여, 주님 앞에 돌아가는 순간까지, 세상 속에서 일과 돈에 제 열정이 낭비되지 않도록 도와주옵소서. 주를 위해, 전제와 같이 나의 열정이 부어지게 하소서.'

이제 나 역시 청년의 열정을 회복하고자 한다.

예수 그리스도는 실체이다.

그러므로 그분의 삶과 그분의 말씀과 그분의 예언, 모두 실체이다.

그런데 이 예수 그리스도의 제자라 일컫는 당신은 실체인가?

나 자신에게 쉬지 않고 질문한다.

"충동적 용기로 물 위를 걷기란 차라리 쉽다. 그러나 예수 그리스도의 제자로서 마른 땅을 걷는다는 것은 별개의 문제다."

그리스도를 향해 나의 인생이 주님 앞에 올려 드리는 전제가 되도록 드려지는 인생을 살도록 실천하는 열정이 오늘 나에게 필요하다. 그리고 쏟아부어지는 나의 열정 끝에 그리스도의 향기가 뿜어나기를 소망해 본다.

나의 열정 하나,

하나님 말씀 묵상 그리고 전달자와 말씀 선포자의 역할

또 다른 하루, 지친 몸을 이끌면서 집에 돌아와 허기진 배를 채운다. 그래도 채워지지 않는 그 무엇으로 인하여 나는 책상 앞에 앉아 성경을 읽는다. 그리고 쓴다. 쓰고 또 쓴다. 내 안에 빈 그 자리가 채워지기까지 쉬지 않고 쓴다. 피곤함도 잊어버리고 졸음도 사라진다. 아, 나의 열정이 머무는 곳, 바로 이곳이구나. 주님의 말씀을 깊이 묵상하고 연구하고, 그리고 풀어서 전달해 주는 말씀 선포자의 삶. 때로는 글로, 때로는 설교와 소모임을 통해 그렇게 주님의 말씀을 전하는 삶, 여기에 나의 인생이 부어지게 하소서.

당신의 열정 하나는 :

나의 열정 둘,

직장을 성전으로 변화시키는 제사장의 역할

직장에서 하루의 반 이상을 열심히 일한다. 생활비를 벌기 위한 것이 직장의 의미라면 나는 하루의 반이라 하는 시간, 즉 인생의 반을 돈을 버는 데 써 버리는 꼴이 되고 만다. 이 직장은 그렇게 인생을 낭비하라고 하나님께서 내게 주신 것이 아니다. 나는 이 직장을 성전으로 변화하도록 해야 할 제사장의 책임이 있다. 목회자뿐 아니라 모든 성도가 만인제사장이

라는 성경적 확신을 가지고 마치 목회자가 교회를 섬기듯, 우리의 일터를
성전으로 섬겨 선교장으로 변형시키는 일을 감당해야 한다. 평신도사역의
핵심이 바로 이 안에 있다. 아, 나의 열정이 머무는 곳, 바로 이곳이구나.
나는 나의 일터를 복음을 전하는 선교의 자리로 섬기리라.

당신의 열정 둘은 :

나의 열정 셋,
가정을 섬기고 주변의 형제자매를 섬기는 제자의 역할

동역하는 삶을 허락하신 주님. 가장 먼저는 가정 안에서의 동역이다.
부모를 섬기고, 아내와 자녀를 섬겨 함께 그리스도의 향기를 품어가야 하
는 것. 그리고 이들의 신앙의 본이 되며, 말씀으로 이끌어 가는 것. 아, 나
의 열정이 머무는 곳, 바로 이곳이구나.

당신의 열정 셋은 :

몸부림치라, 그리스도인이여.
그대들의 가슴에 하나님이 허락하신 청년의 열정, 전제의 열정이 회복
되는 그날까지.

part.2

청년의 포기

<u>청년일 때 꼭 포기해야 할 것이 있다</u>

한 사람에게 치아가 사랑니를 포함해서 모두 32개가 있다. 주로 사랑니는 평균연령 17세에 잇몸 밖으로 드러나게 되는데, 흑인과 달리 입이 작은 동양인들에게 사랑니가 완전히 곧게 돌출되는 경우는 극히 드물다. 그래서 언젠가는 뽑아 줘야 하는데, 젊었을 때 미리 뽑는 경우 회복도 빠르고 통증도 잘 참아 낸다. 그런데 젊었을 때 무섭다고 이 사랑니를 그대로 두게 되면, 중년이 되고 노년이 되어 문제는 더욱 심각해지고, 뼈도 너무 단단해져서 뽑는 사람도 힘들고, 뽑힌 사람도 잘 아물지 않아 며칠을 더 고생하게 된다.

마찬가지로 청년 시기에 포기하지 않았을 때, 인생의 후반전에 이르러 이것으로 인해 계속해서 영적으로 흔들리고 쉽게 세상의 유혹 앞에 무릎을 꿇게 되는 경우가 있다. 예를 들어 돈도 마찬가지이다. 청년 때에 돈에 대한 생각을 정립해 놓지 않으면 평생 돈을 좇는 인생이 될 것은 자명한 사실이다. 어느 날 나에게 많은 돈이 주어졌다고 하자. 당신 같으면 이 많은 돈으로 무엇을 하겠는가? 나는 이 돈을 가지고 값나가는 자가용을 살 수도 있고, 값비싼 백을 여러 개 살 수도 있을 것이다. 그러나 나에게 주어진 이 자유와 특권을 스스로 포기함으로 예수 그리스도의 마음을 더욱 품어 나가는 자리에 가는 유익을 얻겠다는 말이다. 그리고 이러한 포기들 가운데는 사람의 마음을 움직이는 새 생명을 낳는 능력이 있다는 사실을 경험하게 될 것이라 확신한다. 성경에서는 이러한 포기를 좀 더 신학적인 표현으로 '자기 부인'이라 소개한다.

"이에 예수께서 제자들에게 이르시되 누구든지 나를 따라오려거든 자기를 부인하고 자기 십자가를 지고 나를 따를 것이니라."(마 16:24)

'자기를 부인'하고 '자기 십자가를 지라'는 말씀은 곧 나보고 죽으라는 말이다. 내가 죽지 않으면, 나 자신이 늘 나의 큰 적이 될 수밖에 없다. 한번은 6살 된 딸아이와 모찌떡 아이스크림을 사이에 두고 경쟁심을 느끼는 유치한 순간이 있었고, 내가 원하는 것을 해 주시지 않았다고 욱해서 어머니께 성질냈던 나. 내가 아직 죽지 못했기에 드러나는 모습들을 보여 주는 작은 예이다.

그러므로 이 장에서 다루고자 하는 것은 '돈을 낭비하지 마라'라든지, '정욕을 품지 마라'라든지, 성경 속에서 죄가 되기 때문에 하지 말아야 할 것을 다루고자 하는 것이 아니라, 오히려 납득이 가고 해도 되는 충분한 이유와 자유가 주어졌음에도 불구하고 기꺼이 스스로 포기하고자 하는 것을 다루고 싶다. 그렇게 하기를 원하는 삶을 향하여 나는 '더 나은 그리스도의 청년이 되기 위한 몸부림'이라 정의한다. 그리고 그 자리는 곧 '성숙의 자리'이다. 누가 시키지도 않았는데, 스스로 포기하기에 성장하는 것이다. 조나단 에드워드(Jonathan Edwards)가 말하기를 "비둘기와 독수리 사이의 차이는 알에서 금방 깨어 나올 때에는 분명하게 드러나지 않는다. 그러나 더 성숙하게 자라나게 되면 그 차이는 대단히 크고 명백해진다."고 했다. 지극히 높은 위치와 무한한 자유, 그리고 전지전능한 권리를 포기한 예수 그리스도를 본받아서 나 역시 청년일 때 그분의 마음속 깊은 곳에 들어가 그분과 함께하기를 소원하는 것이다.

손에 움켜쥔 것을 펴야 한다. 그래야 잡을 수 있다. 나는 열린 두 손으로 그분의 두 손을 붙들고 이 세상을 살아가기를 소원하며 내 손에 움켜쥔 다른 것들을 이제부터 하나씩 내려놓기를 결심한다.

1장

포기 하나 _나랑 사귈래?

우선순위가 중요하다.
우리가 먼저 청년일 때에
그리스도의 사랑에 흠뻑 젖어야 한다.

"제 얼굴이 이렇게 어둠으로 가려져 있어 정말 다행이에요. 그렇지 않았다면 제 볼이 빨갛게 물든 것을 당신에게 들켰을 거여요."

"어째서죠?"

"오늘 밤 당신이 제 말을 엿들었으니까요. 그렇지만 않았어도 전 좀 더 당신에게 얌전한 모습을 보여 주었을 텐데."

"오, 어떤 모습이든 그대는 사랑스럽소! 저기 저 행복한 달님에 두고 맹세하리다."

"저 줏대 없는 달을 두고는 맹세하지 마세요. 달님은 한 달 내내 그 모습을 바꾸는 변덕쟁이니까요."

"그럼 무엇에다 맹세해야 나를 믿어 주겠소?"

"행여 맹세는 마세요. 기어코 맹세를 하시려거든 자신을 두고 맹세하세요."

로미오는 손을 가슴 위에다 얹었다.

세익스피어(William Shakespeare)의 대작, 『로미오와 줄리엣』은 뜨거운 젊은 남녀의 사랑을 강렬하게 표현하기 위해 작가는 원수 된 두 집안을 등장시켰고, 둘의 사랑을 더 뜨겁게 표현하기 위해 '죽음'을 등장시킨다. 이루어지지 못하는 사랑이기에 안타까웠고, 더욱이 이들이 너무나도 어린 나이에 죽게 되어 더욱 안타까웠다. 이성의 사랑에 목숨 건 아름다운 사랑이야기. 이 대작이 주는 가장 큰 교훈은 '미치도록 사랑하라. 죽도록 사랑하라'와 더불어 두 집안의 '화해'와 '용서'를 가르쳐준다.

그들의 엇갈린 죽음과 그래서 결국 이루어지지 못한 이들의 가슴 앓는 사랑은 이 대작을 최고의 비극으로 만든다. 그런데 그리스도인의 관점에서 볼 때, 로미오와 줄리엣이 비극이 되는 또 다른 이유가 있다. 그것은 바로 그들이 자기 인생의 젊음을 송두리째 이성의 사랑에만 쏟아부어버렸다는 사실이다. 기억하는가? 성경에서는 마리아가 자신의 귀한 향유 옥합을 그리스도의 발 앞에 깨어 놓았던 모습과 열두 제자들이 그들의 모든 것을 내려놓고 예수 그리스도를 따르기로 결단하는 모습을 보여 준다. 로미오와 줄리엣이 이성에 쏟아부은 것과 얼마나 대조적인가? 그러나 그만큼 청년에게서 '이성의 관심'을 제외한다면, 무엇이 남을 수 있을까 할 정도로, 이성에 대한 관심은 청년 시기에 너무나도 많은 비중을 차지하고 있는 것임에는 틀림없다.

인체의 호르몬 수치가 가장 정점을 이루는 시기는 대략 고등학교 시기이며 그것은 청년의 시작과 비례한다. 그러므로 이성에 대해 큰 관심을 보이는 이러한 현상은 매우 자연적이며 정상적인 일임에는 틀림없다. 이러

 • 나는
그리스도의
청년이다

한 사실을 토대로 어떤 사람들은 하나님께서 우리 인간들을 그렇게 만드셨으니, 청년의 시기에 이성 교제를 하는 것이야말로 하나님의 섭리에 가장 알맞는 타이밍이라고 주장한다. 그런데 한 가지 사실을 아는가? 우리 육신은 너무나도 자연스럽게 단 것과 기름진 음식, 즉 몸에 해가 되는 것도 좋아하도록 프로그램 되어 있다는 사실을. 다시 말하자면, 자연적이라고 다 좋은 것이 아니라는 말이다. 또한 자연스러운 것이라고 모두 하나님의 뜻은 더욱 아니라는 말이다.

어쩌면 당신은 내가 이성의 관심이 청년의 시기에 포기되어야만 그 자리에 참된 예수 그리스도의 자리가 세워진다고 주장하려 한다면, 당신은 나를 너무나도 '보수주의적인 그리스도인'이라 생각할 수도 있겠다. 나 역시 청년의 가슴 안에 부글거리는 이성을 향한 뜨거운 관심들을 결단코 멈추게 할 수는 없다는 데 동의한다. 그러나 그 관심이 낳는 의지적 행동만큼은 우리가 충분히 조정할 수 있는 부분임에 틀림없다. 그래서 어쩌면 '시대에 뒤떨어진다'고 생각할 수 있을 만한 이 방침을 나는 이 장에서 다루고자 한다. 때마침 J. I. 패커(J. I. Packer) 교수님의 다음 말씀이 기억난다.

시대에 맞지 않는 오래된 가르침이라고 불평하지 마십시오. 시대에 맞느냐 맞지 않느냐가 중요한 것이 아닙니다. 정말 중요한 것은 **성경과 삶의 실체에 부합하느냐 하는** 점입니다.

따라서 나는 과감하게 우리가 청년이라는 시간 동안에 꼭 포기해야만 하는 것들 중 첫 번째 항목으로 이성을 좇는 삶에 대한 포기로 정하기로 한다. 내가 그렇게 하기로 한 더 큰 이유는 바로 사도 바울의 다음 말씀에 있다.

"내가 지금 사람들의 마음을 기쁘게 하려 하고 있습니까? 아니면, 하나님의 마음을 기쁘게 해 드리려 하고 있습니까? 아니면, 사람의 환심을 사려고 하고 있습니까? 내가 아직도 사람의 환심을 사려고 하고 있다면, 나는 그리스도의 종이 아닙니다."(갈 1:10, 표준새번역)

청년의 시기, 이성을 기쁘게 해 주기 위해 온갖 정성을 다 허비하는 경우가 즐비하다. 마치 '너 없으면 나도 없다'라는 자세로 말이다. 더욱이 이여자, 저 남자를 쫓아다니다가 헤어지고, 또 다른 여자 만나다가 헤어지고, 결국에는 이러한 이성을 좇는 삶은 한 개인의 많은 시간과 마음, 그리고 희생을 요구하기에, 시간이 흐르고 나면 너무나도 많은 것을 잃어버렸다는 사실을 뒤늦게야 깨닫게 되고 만다.

그래서 가능하면 청년 시기에 남자 친구며 여자 친구, 이런 것이 없는 것이 더 좋다. 요즘 세대는 쾌락중심의 세대요, 동거와 이성과의 금지된 사랑이 판을 치고, 결혼이라는 거룩한 예배(그렇다. 이것은 하나님께 드려지는 예배이다)가 어느덧 낡아 버린 헌 신발마냥 팽개쳐진 지 오래이고, 이미 유럽과 미국사회에서는 결혼을 불필요한 형식, 또는 구세대적인 사고로 정의된 지 오래이다. '그냥 좋으면 같이 살면 되지, 피곤하게 결혼을 한단 말인가' 하는 자세다.

결혼할 대상으로 생각하지 않은 교제는 결국 '시간 낭비,' '청년 시기 낭비'가 될 수도 있으므로 결혼이 전제되어 있지 않다면 사귐을 가질 필요가 없다는 말이다. 그냥 친구로 지내라는 말이다. 그리고 나이가 차서 어느덧 결혼을 해야 할 나이가 되면, 그때부터 기도하며 그 대상과 교제를 시작해도 결코 늦지 않다. 불필요한 이성관계는 청년일 때 꼭 포기해야 하는 것 중 하나이다.

영적 지도자인 바울 사도나 베드로, 또는 청년 예수님이 그들의 청년 시절 이성을 좇는 삶을 살았다면 어떤 일이 생겼을지 상상할 수 있겠는가? 아마도 성경에 온통 이들의 연애 시절 이야기가 기록되고, 그들은 '준비된 결혼'이라는 내용의 글과 서신서들을 우리에게 남겨 주었을지도 모르겠다. 분명 그들이 복음을 위해 겪은 수많은 사건들과 헌신, 그리고 섬김에 대한 내용의 비중이 훨씬 줄어들었을 것이다. 신구약성경의 장수가 한계가 있듯, 마찬가지로 청년의 시기도 한계가 있으며, 청년의 마음도 무한한 것이 아니다. 이렇게 한정됨을 기억할 때, 이성 관계는 청년 시기에 선 우리에게 너무나도 많은 부분을 요구한다. 그것을 너무나도 잘 알기에 바울 사도는 오늘을 사는 청년들에게 다음의 말씀을 남겼다.

"젊은 여자에게는 온전히 깨끗함으로 자매에게 하듯 하라."(딤전 5:2)

사실 위의 구절은 한창 뜨거운 이성에 대한 관심과 이성을 향한 열정이 흐르는 청년 디모데에게 주는 바울 사도의 권면이다. 당시 디모데의 나이는 20대 후반에서 30대 초반, 결혼 적령기로 추정된다. 그런 그에게 아버지와 같은 영적 스승 되신 바울 사도가 주위의 모든 여성을 친자매 대하듯 그렇게 하라고 명령하시는 것이다. 성경의 디모데는 오늘을 사는 그리스도의 청년을 대표한다. 그런데 우리 주위에 이성으로 끌리는 미모의 '젊은 여자'가 얼마나 많은가? 그럼에도 불구하고 이성으로 사귐 갖기를 포기하고 동생처럼, 누나처럼 생각하고 그렇게 여기며 깨끗함으로 그들을 섬기라는 말이다.

문제는 요즘 시대에는 자매님들이 이런 삶을 살려 하는 주를 향한 열정의 형제님들을 가만히 놓아 두지 않는다는 것이다. 미모가 출중한 한 자매는 다른 한 형제의 마음을 빼앗으려고 여러 방법을 모색한다. 요즘은 여성이 남성들을 덮치는 세대임이 분명하다. 그래서 어쩌면 자매들에게 더욱 포기되어야 하는 것이 이성 관계일지도 모를 일이다.

결론부터 말하자면, 우선순위가 중요하다. 우리가 먼저 청년일 때에 그리스도의 사랑에 흠뻑 젖어야 한다. 그러고 나서 이성과의 사랑이 시작될 수 있다면, 늘 예수 그리스도가 첫 번째인 청년의 시기를 보낼 수 있게 된다. 이렇게 우선순위가 정해진 청년들의 시야에서는 그리스도를 사랑하는 사람이 겉으로 아름답게 치장한 상대보다 더 아름답게 보이고 그런 사람에게 마음이 더 끌림을 경험하게 된다. 그러다가 결국 이런 고백을 하게 된다.

"고운 것도 거짓되고 아름다운 것도 헛되나 오직 여호와를 경외하는 여자는 칭찬을 받을 것이라."(잠 31:30)

예수 그리스도가 나의 사랑의 첫 번째일 때에는, 상대방의 매력을 느끼는 관점이 달라진다. 오히려 그리스도를 열렬히 섬기는 자에게 마음이 뜨거워짐을 경험하게 된다. 나는 청년인 당신이 이러한 청년들이 되었으면 좋겠다. 이성을 좇는 삶이 아니라 예수 그리스도를 절실히 더 사모하는

 나는
그리스도의
청년이다

삶, 그렇게 될 때에만 '일절 깨끗함'으로 서로 다른 이성에게 다가갈 수 있을 것이라 확신한다.

나 역시 청년일 때에 이러한 자세의 삶을 살았다. 결혼을 전제로 하지 않은 사귐이란 없었다. 내 아내를 오랫동안 사모했고 기도했다. 때가 차매 하나님께서 내 아내의 마음을 만지셨고, 내가 하나님 앞에 그녀를 내려놓았을 때에야 비로소 그녀와의 사귐을 허락해 주셨다. 하나님께서 일하시는 것을 만남과 사귐 속에서 경험하는 것이 얼마나 짜릿한 느낌인지 알 사람만 아는 것이다. 하나님께서 우리 만남 속에 계셨고, 그분을 통해서 우리는 교제했다. 그리고 이러한 과정이 한 가정을 이루는 데에 든든한 밑거름이 되어 주었다. 이제 어느덧 결혼 10주년이 다가오고, 내게 두 아이도 허락해 주셨다. 내가 청년기를 그러한 자세로 살았기에 담대하게 내 자녀도 그렇게 살라고 말할 수 있다. 혹 내가 청년일 때에 이 여자 저 여자 이성을 쫓는 삶을 살았다면, 내 자녀에게 "여러 사람 사귀는 것도 경험이다. 너희도 그렇게 해라"라고 말할지도 모르겠다. 그런데 참 다행이다. 난 내 자녀가 이성을 쫓는 삶으로 청년의 시기를 낭비하지 않기를 원하기 때문이다.

"열 번 찍어서 안 넘어가는 여자 없다"라는 권면은 그리스도 청년에게 할 말이 아니다. 열 번 찍을 시간 있으면, 열 번 하나님께 무릎을 꿇자. 내가 억지로 만들어 낸 관계 위에 당신은 당신의 평생을 걸 것인가, 아니면 하나님께 의지해서 만들어진 관계 위에 견고한 집을 세울 것인가? 당신이 오늘 결정하라.

후자라 할지면, 오늘 이렇게 결심하자.

결혼할 나이가 아니라면 이성 교제를 시작할 필요가 없다. 결혼을 전제로 한 사귐이 아니라면 그 교제는 무의미하며 '청년 낭비'이다.

2장

포기 둘 _너, 벤츠 탈래?

바울은 하나님의 자녀에게 허용된 자유와
사도에게 맡겨진 권리는 얼마든지 누려도 된다고 말한다.
그러나 그는 그러한 권리를 스스로 포기한다.

두 번째로 청년일 때에 포기되어야 하는 것은 바로 '편안한 삶'이다. 우리 세대는 어느덧 '편안을 좇는 세대'이라 일컬을 정도로 편안함을 추구한다. 좀 더 편한 일 하기를 원하고, 좀 더 몸을 쉬게 하며, 자신을 재미있게 만드는 것이 하루의 목적이다. 나도 치과의사이지만 내 주위에는 대략 40여 명의 치과의사 친구들이 있다. 이들이 타고 다니는 차만 나열하면 어느새 고급자동차 전시회가 열릴 정도로 화려하다. 그 가운데 가장 인기 있는 차는 여전히 BMW와 벤츠 그리고 포르셰(Porche)다. 집에는 살림해 주는 아주머니들을 하나씩 두고 화려한 집에서 편안한 인생을 살고자 애쓴다. 우리 육신이 한번 이런 삶에 적응되면 다시 흙탕물로 들어가는 삶을 살기는 너무나도 힘들어질 수밖에 없다. 이것이 바로 우리 '육신'의 성향이다.

그래서 결국 허우적대다가 다음과 같은 고백을 하게 된다.

"오호라 나는 곤고한 사람이로다. 이 사망의 몸에서 누가 나를 건져 내랴."(롬 7:24)

성경은 '내 몸을 쳐 복종하게 한다는 것'(고전 9:27)과 '모든 생각을 사로잡아 그리스도께 복종하게 함'(고후 10:5)과 '그리스도와 함께 십자가에 못 박힘'(갈 2:20)의 세 구절을 바울 사도의 입을 통해 우리에게 말씀하신다. 또한 어느 구절에서도 우리의 몸을 편하게 놓아 두라는 법을 찾아볼 수 없다. 반대로 우리 몸은 쉬게 할수록 더 게을러지고, 더 나약해지고, 더 나태해지는 것이 우리 몸이 가진 성격임을 성경은 말씀해 주신다.

바울 사도는 분명 본인 자신이 누릴 수 있는 권리와 특권이 있었던 것이 분명한데, 그런 그가 이렇게 고백한다.

"내가 자유자가 아니냐, 사도가 아니냐."

그는 자신의 신분을 먼저 밝힌 후에 하나님의 자녀에게 허용된 자유와 사도에게 맡겨진 권리는 얼마든지 누려도 된다는 뜻으로 선포한다. 그러나 그는 그러한 그의 권리를 스스로 포기한다. 그는 단지 육신적 정욕과 현실적 물욕으로부터 자신의 몸을 쳐 복종시키겠다는 의미를 더 뛰어넘고 있는 것이 분명하다. 바울 사도 역시 때로는 고기도 먹고 싶고, 아내를 얻고 함께 선교하고 싶고, 사례비를 받으며 편하게 선교도 하고 싶은 생각이 왜 안 들었겠는가? 그러나 그는 이러한 권리로부터 자신의 몸과 생각을 쳐서 복종하게 한다고 고백했던 것이다.

나는 청년들이 모두 신학을 공부했으면 좋겠다. 그래서 목사가 되어 또 다른 개척교회를 세우는 것이 아니라, 평신도 사역자로 일하면서 말씀을 선포할 수 있는 말씀의 권위를 세울 수 있드록 말이다. 바울 사도가 그랬다. 그도 다른 모든 목회자님들이 그렇듯 교인들에게서 사례비를 받으며 사역할 수 있는 권리가 충분히 있었으나 그 권리를 포기했다. 그리고 어려운 길을 선택하여 자비로 사역하기로 결심했다. 텐트를 만드는 일을 하며 그 많은 사역들도 감당할 수 있었다. 우리 그리스도 청년들도 이러한 포기가 있었으면 좋겠다. 그래서 말씀이 민중에게 치우치지 않고 있는 그대로 선포될 수 있도록 말이다. 성도들이 듣기 좋은 말씀만 선포되어서는 안 된다. 그러면 말씀이 변질되기 때문이다. 우리의 권리를 포기할 때, 거기에는 새로운 생명을 살리는 능력이 있다. 말씀의 투명성이 드러난다.

카톨릭의 부패된 성직자들과 부패된 세대를 향하여 감리교의 창시자인 존 웨슬리(John Wesley)는 그의 청년 시절에 새로운 결단을 했다. 그가 결단한 것은 성결운동인데, 일주일에 두 번 금식을 하면서 철저하게 자신의 몸을 훈련시키고자 한 것이다. 그도 분명 우리 몸의 성향에 대해 꿰뚫고 있었음에 분명하다. 그는 여기서 멈추지 않고 더 나아가 '자신이 반만 크리스천이 될 수는 절대로 없음을 확신'하게 되어 '영혼과 몸과 소유 전체를 하나님께 바치겠다'고 결심했다. 오늘날 그리스도의 청년 중 이러한 결심을 하는 청년이 있었으면 좋겠다. 벤츠를 타기 위해 안간힘을 쏟는 청년이 아니라 자신의 권리와 자유를 주를 위해 포기하는 청년, 바로 그런 청년 말이다.

하루가 전쟁이다. 돈과의 전쟁이고, 나 자신과의 전쟁이며, 세상의 유혹과도 전쟁이다. 밤 10시가 되어서야 집에 돌아왔다. 그리고 쉬고자 했으나 그냥 자기에는 오늘이 아까워 눈을 감지 못한다. 책상에 앉아 글을 쓰기 시작한다. 이제 곧 나의 인생에도 밤이 오겠지. 그러나 아직 해가 중천에 있는 나이이기에 해가 떨어지기 전에는 시간을 아끼리라.

"게으른 자여 네가 어느 때까지 누워 있겠느냐 네가 어느 때에 잠이 깨어 일어나겠느냐."(잠 6:9)

하나님 안에 거하며 즐거워하는 삶을 추구

세상에서 편안함을 추구하는 노력보다는 하나님 안에서 갖게 되는 평안을 사모해야 한다.

"수고하고 무거운 짐 진 자들아 다 내게로 오라 내가 너희를 쉬게 하리라."(마 11:28)

이 그리스도의 말씀에 우리의 소망이 있다. 우리가 추구해야 하는 것은 예수 그리스도를 통해 얻는 흔들리지 않는 평강이다. 하박국 선지자는 이 평강을 몸소 경험하고 다음과 같이 고백했다.

"무화과나무에 과일이 없고 포도나무에 열매가 없을지라도, 올리브나무에서 딸 것이 없고 밭에서 거두어들일 것이 없을지라도, 우리에 양이 없고 외양간에 소가 없을지라도, 나는 주님 안에서 즐거워하련다. 나를 구원하신 하나님 안에서 기뻐하련다."(합 3:17-18, 표준새번역)

벤츠 없이도 더 편안한 삶이 이 세상 속에서 가능하다는 말이다. 세상 사람들은 부의 상징이며 편안함의 상징들을 갖기를 소원한다. 그러나 그리스도의 청년들이여, 이러한 것을 추구하는 삶에서 벗어나라. 그리고 그리스도 예수, 그분 안에서 누리는 평강을 추구하라. 세상이 감히 당신을 흔들리게 할 수 없으리라.

3달밖에 안 된 딸아이가 갑자기 열이 심하게 나서 응급치료실(emergency room)에 오후 3시에 들어갔다가 밤 11시가 되어서야 겨우 나왔다. 집에 돌아와서도 여전히 떨어지지 않는 열로 인해 잠을 이루지 못하고, 이틀이 지나서야 겨우 진정이 되었다. 나의 육신이 고갈되었고, 피곤함에 몸이 결리기까지 했다. 그날 잠든 밤, 난 꿈속에서 눈물을 흘리며 예수님을 경배하고 있었다. 가슴이 뜨겁고, 뜨거운 눈물이 나의 눈을 적셨으며 그 안에서 세상이 알지 못하는 환희와 평강을 느끼고 있었다. 아이의 뒤척이는 소리에 잠이 깬 나는 아이를 살핀 후 조용히 그 자리에 무릎을 꿇고 하나님께 감사기도를 드렸다.

"주 하나님은 나의 힘이다. 나의 발을 사슴의 발과 같게 하셔서, 산등성이를 마구 치닫게 하신다."

하나님께서는 시편 기자를 통해 이 서상 속에 사는 우리에게 사슴의 발로 살아가라고 권고하신다. 시편 18장 33절과 34절에서, "하나님께서는 나의 발을 암사슴의 발처럼 빠르게 만드시고, 나를 높은 곳에 안전하게 세워 주신다"고 약속하시고, 더 나아가 "하나님께서 나에게 싸우는 법을 가르쳐주시니, 나의 팔이 놋쇠로 된 강한 활을 당긴다"라는 고백이 들어 있다. 사슴은 높은 곳을 뛰어다닌다. 그 굽의 도양이 높은 언덕을 더 잘 뛰도록 만들어져 있어 호랑이라 할지라도 산기슭을 향해 올라가는 사슴을 결코 잡을 수는 없는 노릇이다. 높은 곳에 올라가 새로운 시야를 가지고 현재 내가 처한 문제들을 다시 보는 것이다. 가까이에서 봤을 때는 골리앗처럼 큰 벽과 어려움이었지만 높이 올라가 다시 보니 개미만 한 인간에 불구했고, 나의 문제도 그렇게 작게 보이는 것이다. 높은 곳에 올라 그리스도가 주시는 평강 속에 살며 더 이상 벤츠(상징적 의미)의 유혹에 넘어가지 않는 그리스도의 청년이 되기를 소망한다.

3장

포기 셋 _초콜릿 근육 만들까?

자기 몸을 관리하는 것은 중요하다.
그러나 그것이 지나치게 되면 결국 '청년 낭비'가 되고
'자기사랑'을 좇는 삶이 되고 만다.

세 번째 포기되어야 하는 삶은 바로 '자기사랑'을 좇는 삶이다. 오늘 이 세대는 자기 꾸밈의 세대임이 분명하다. 자기를 가꾸기 위해 부지런히 일어나 운동을 하는데, 거울을 보며 복근에 새긴 줄을 더욱 뚜렷하게 하기 위해 열심히 역기를 든다. 여성도 마찬가지이다. 뱃살 대신 탄탄한 복근을 만드는 것이 청년 시기의 목적임이 분명하다. 요즘은 성형수술을 하지 않은 여성을 찾기가 더 힘들 정도이며, 자신의 시간과 땀, 열정을 모두 초콜릿 근육에 쏟아붓는다.

뿐만 아니라, 건강에 좋다는 음식은 모두 찾아 먹는 청년도 있다. 노인도 아닌 젊은 청년의 이런 모습은 영원한 생경을 믿는 자가 아니라 이 세상의 죽음이 '모든 것의 끝'으로 믿는 자나 할 행동이다. 물론 자기 몸을 관

리하는 것은 중요하다. 그러나 그것이 지나치게 되면 결국 '청년낭비'가 되고 '자기사랑'을 좇는 삶이 되고 만다.

"그가 모든 사람을 대신하여 죽으심은 살아 있는 자들로 하여금 다시는 그들 자신을 위하여 살지 않고 오직 그들을 대신하여 죽었다가 다시 살아나신 이를 위하여 살게 하려 함이라."(고후 5:15)

예수님이 십자가에서 피 흘리신 것이 당신으로 하여금 더 이상 자기 자신을 위해 살 것을 포기하기를 원하셨기 때문이다. 그분이 당신을 위해 피를 흘리셨듯, 당신도 자기 자신을 위해 사는 것이 아니라 주위를 섬기기를 예수님께서는 원하신다. 그것이 십자가에 남기신 그분의 가르침이다.

호수에 비친 자신의 모습에 반해 호수로 뛰어든 나르키소스(Narcissus)의 신화가 있다. 호수에 비친 자신의 모습을 너무나 사랑한 나머지 그 모습을 따라 호수에 빠져 한 송이 수선화가 된 나르키소스의 죽음을 가장 안타까워했던 이는 누구인지 아는가? 바로 호수였다. 호수가 슬퍼하는 진짜 이유는 매일 나르키소스가 와서 자신의 모습을 호수를 통해 들여다볼 때 호수 역시 그의 맑은 눈동자에 비치는 호수 자신의 아름다운 모습을 감상하곤 했는데, 이제는 더 이상 그럴 기회가 없어져 슬펐다고 한다. 이처럼 자기사랑의 덫에 빠져 인생을 낭비할 수 있다. 그러기에 더욱 우리는 정신을 바짝 차려야 한다.

'당신은 사랑받기 위해 태어난 사람'이라는 유명한 가스펠송이 있다. 이 찬양을 계속해서 듣고 있노라면 무언가 신학적으로 충돌하는 부분이 늘 느껴진다. 아마도 이 찬양이 우리로 하여금 사랑을 받아야 할 존재로 우리의 인간의 본질을 정립하기 때문일 것이다. 우리는 분명 사랑을 받을 존재이지만 사랑을 받기 위해 태어난 존재는 아니다. 우리는 그리스도의 사랑을 받아 그것을 반사시켜 주위의 다른 사람들을 사랑해야 할 존재라고 해야 더 정확하다.

자신을 보석처럼 아끼고 사랑하는 사람은 예수 그리스도의 사랑을 받아본 경험이 없는 사람임에 틀림없다. 그분의 사랑을 경험한 자라면 그 사랑으로 인해 더 이상 자기 자신을 사랑하기보다는 타인을 사랑할 수밖에 없기 때문이다.

청년들이여, 초콜릿 근육을 만들 힘과 열정, 그리고 시간과 땀이 있다면 포기하라. 그리고 가꾸는 대상을 자기 자신에서 타인으로 바꾸도록 하는 것이야말로 그리스도의 마음을 더 깊이 헤아리는 길이 될 것이다.

4장
포기 넷 _돈만 있으면?

네 번째 청년의 시기에 꼭 포기되어야 하는 것은 바로 '돈 사랑'이다. 위의 본문은 그리스도의 제자들이라 스스로 일컫는 사람들이 만약 돈을 더 사랑했을 때 오는 그 결과는 결국 믿음에서 떠나게 된다는 말이다. 이 말은 그리스도의 관계의 단절을 의미한다. 그러면 우리는 어떻게 해야 할까? 성경은 "있는 바를 족한 줄로 알라"(히 13:5)고 주장하신다. 어떻게 있는 바를 족한 줄 알 수 있다는 말인가?

치과에서 원장으로 일하면서 나는 나와 함께 일하는 사람들을 내가 섬겨야 할 대상으로 생각한다. 이들을 부려먹고 최대한 이윤을 남기고자 하는 마음이 없다. 그래서 나는 늘 가난한가 보다. 이들이 부유해지고 더 많이 유익을 보기를 바란다. 시간적으로나 금전적으로나 말이다. 내가 좀 손해 보더라도, 그들이 유익해진다면 감사할 일이 아닌가?

오늘을 살고 있는 현대 사회에서 청년들이 가장 잘 알고 있고, 또 닮기를 소원하는 성경의 청년들은 누구일까 질문해 본다. 대표적인 예로 구약 성경에서는 다윗이라는 순수한 하나님의 청년이 있다. 그런데 그는 정말 밥만 먹고 전쟁터에 나가야 했던 전쟁의 용사였다. 그리고 신약에서는 결혼도 하지 못하고 모든 열정을 선교사역에 힘쓴 청년 바울이 있다. 그는 결국 로마에서 순교하고 만다. 마지막으로 우리가 너무도 잘 아는 33세의 꽃다운 청년의 나이에 십자가를 지신 청년 예수 그리스도가 있다. 이 세 청년에 대해 우리는 너무나도 잘 알듯하나, 우리가 현대 사회를 살아가는 청년들이 정말 닮고 싶은 인생을 산 청년들일지는 의문이다. 이 외에 우리에게는 잘 알려져 있지 않으나, 예수 그리스도를 대면했던 '부자 청년'이 있다. 모르기는 해도 이 청년이야말로 우리 청년들의 선망의 대상이 될 듯하다. 왜냐하면 그는 첫 번째로 돈이 많았던 젊은 청년이었다. 성경에서도 그를 '부자 청년'으로 소개하고 있다. 이제 그에 대해 좀 살펴보자.

부자 청년에게 요구된 포기

한 부자 청년이 예수 그리스도의 다리 밑에 무릎꿇고 앉아 질문한다. "무슨 선한 일을 하여야 영생을 얻으리이까?"

예수님은 그를 바라보시는데, 그 마음에 이 청년을 '사랑하사'라고 성경은 증거한다. 아마도 열정과 열심, 그리고 겸손함과 자기훈련이 잘된, 품위 있고 예의바른 이 청년이 사랑스러워 보이셨던 것이 분명하다.

예수께서는 그 부자 청년에게 말씀하셨다.

"네가 생명에 들어가기를 원하면 계명들을 지켜라…살인하지 말아라, 간음하지 말아라, 도둑질하지 말아라, 거짓 증언을 하지 말아라, 아버지와 어머니를 공경하여라 그리고 네 이웃을 네 몸과 같이 사랑하여라."(마 19:17-20, 표준새번역)

예수님의 이 말씀에 이 부자 청년은 당당했다.

"그 청년이 이르되 이 모든 것을 내가 지키었사온대 아직도 무엇이 부족하니이까?"

"예수께서 이르시되 네가 온전하고자 할진대 가서 네 소유를 팔아 가난한 자들에게 주라. 그리하면 하늘에서 보화가 네게 있으리라. 그리고 와서 나를 따르라 하시니 그 청년이 재물이 많으므로 이 말씀을 듣고 근심하며 가니라. 예수께서 제자들에게 이르시되 내가 진실로 너희에게 이르노니 부자는 천국에 들어가기가 어려우니라. 다시 너희에게 말하노니 낙타가 바늘귀로 들어가는 것이 부자가 하나님의 나라에 들어가는 것보다 쉬우니라 하시니."(마 19:21-24)

우리는 이 본문 말씀에 부자 청년이 그의 부를 포기하지 못하는 모습을 발견한다. 이 부자 청년에게 부족했던 것은 진정 무엇이었을까? 모든 것을 소유하고 부족함이 없었을 법한 그에게 없었던 것이 무엇이란 말인가?

그에게 없었던 것은 단지 가난한 자를 불쌍히 여기는 마음이 아니다. 또한 자기 소유를 다 팔 만한 용기가 없었건 것도 아니다. 그에게 진정 없었던 것은 자기의 것을 다 내려놓을 정도로 헌신할 수 있는 대상, 예수 그리스도가 없었던 것이다. 나의 모든 것을 드릴만큼 가치 있는 것을 우리 젊은 청년 때에 만나야 하며, 그렇게 헌신할 수 있는 모습이 청년이 지나기 전에 있어야 한다.

"너희 중의 누구든지 자기의 모든 소유를 버리지 아니하면 능히 내 제자가 되지 못하리라."(눅 14:33)

그리스도의 청년들이여, 당신은 포기하라. 부가 있으면 포기하고, 앞으로 있을 부도 포기하라. 지금 당신의 마음에 이미 돈을 좇는 삶을 포기해 버리라. 그리고 예수 그리스도의 참 제자가 되기를 서원하라. 2,000년 전 부자 청년이 하지 못한 포기를 당신만은 꼭 할 수 있기를 소원한다.

1장에서 4장까지 우리는 청년일 때에 포기해야 할 것, 네 가지를 살펴보았다. 정리하면, 첫째로 이성을 좇는 삶, 둘째로 편안함을 좇는 삶, 셋째로 자기사랑을 좇는 삶, 넷째로 돈을 좇는 삶, 이렇게 네 가지이다. 이러한 삶의 방향과 성향이 내가 청년일 때에 포기된다면 우리는 그리스도의 제자로 쓰임 받는 자리에 갈 수 있으리라 확신한다.

"너희가 어느 때까지 둘 사이에서 머뭇머뭇 하려느냐 여호와가 만일 하나님이면 그를 따르고 바알이 만일 하나님이면 그를 따를지니라."(왕상 18:21)

 나는
그리스도의
청년이다

5장

바울의 수제자 청년 디모데와의 대화

자기를 사랑하는 자는
그리스도와의 교제가 단절된 자이다.
돈을 사랑하는 자는
제자로서의 삶이 단절된 자이다.
그들은 자기중심적이고, 물질주의적으로 된다.

한 뉴욕 청년(나)과 제자 디모데의 첫 만남이 시작되었다. 개인적으로 나는 14살에 미국에 이민 온 후, 이름을 '디모데'(Timothy)라고 바꿨을 정도로 디모데를 참 좋아한다. 내가 그를 좋아하는 이유는 그도 30대 초반의 '청년'이였으며, 그도 역시 바울 사도를 사랑하는 그의 수제자였기에 나의 선망의 대상이 되기에 충분했다. 바울 사도는 특별한 계시를 받아 '사도'라 임명받은 예수 그리스도의 직접적인 제자인지라 어쩌면 나와는 수준이 다른 사람이라는 생각에 조금 멀게 느껴지는 것이 솔직한 나의 마음이다. 그러나 디모데는 다르다. 그는 내가 마땅히 닮을 수 있고, 또한 능가할 수도 있는 능력의 제자이다. 오늘의 뉴욕 청년, 나는 수제자-인 그와의 만남을 사모한다.

디모데 : 안녕하세요. 저는 초대교회들 중, 에베소교회를 섬기는 사역자이
고, 바울 선생님의 제자이기도 합니다. 저는 오랫동안 바울 선생
님의 사역에 동역하며 그분의 일을 도왔지요. 그러나 바울 선생님
께서 감옥에 갇히신 후, 제게 주신 새로운 사명이 있었는데, 그것
은 에베소교회에서 성도님들을 말씀으로 섬기는 일입니다.

뉴욕 청년 : 안녕하세요, 꼭 뵙고 싶었어요. 저는 오늘 이 마지막 시대를 살
아가며, 참된 그리스도의 제자가 되기를 소망하는 한 청년입니
다. 저는 현재 작은 지역 교회에 나가고 있습니다. 하나님께서
제게 캠퍼스사역에 대한 소명을 주셔서 현재 뉴욕에 있는 콜롬
비아대학에서 말씀사역을 하고 있고요, 또 직업을 통한 선교의
비전도 주셨지요. 저의 직업은 치과의사입니다. 언뜻 뵈니, 우
리 나이가 비슷해 보이네요. 저는 33세입니다.

디모데 : 아, 네. 33세라 하시니 33세에 십자가를 지신 예수님이 생각나는
군요. 주님도 우리와 비슷한 연령에 십자가를 지셨지요.

뉴욕 청년 : 맞아요. 삼위일체 중 성자 하나님이신 예수님께서 십자가를
짊어지신 것 자체가 충격적인 사건이며 진리이지요. 이 엄청난
역사적 사건 앞에서 그분이 청년이었다는 것은 그리 중요하지
않을 수 있지만, 저는 예수님이 십자가에서 돌아가셨을 때가

청년이었다는 데 주목합니다. 모든 일에 우연이 없듯이 하나님의 섬세하심을 생각하며 그 의미를 묵상해 봅니다.

디모데 : 그래요. 예수 그리스도는 젊음을 소유한 30대로서 사역하셨어요. 젊음에는 무한한 가능성이 있고, 삶의 방향을 바꾸고 전진할 수 있는 유연성이 있으며, 뜨거운 열정이 있고, 도전이 있지요. 청년이셨던 예수님은 십자가에 돌아가시면서 그 어떤 것보다도 값진 '젊음' 또한 주님 앞에 순종으로 올려 드리셨던 것이지요. 청년 예수님처럼 우리 또한 '젊음'을 주께 온전히 드려야 하지 않겠어요?
(『십자가로 반격하라』의 서론 중)

뉴욕 청년 : 맞아요. 저도 그러한 마음으로 늘 주님 앞에 나아갑니다.

우리의 대화는 곧 바울 사도님의 마지막 권고에 집중된다. 2,000년 전 초대교회 시대에 사역하시던 바울 사도는 성령님을 통하여 오늘날 이 시대에 일어날 일들을 예견하신다. 그리고 마지막 시대에 드러나는 현 모습들을 경고하시면서 마지막 세대를 짊어지고 갈 청년들을 대표하여 그의 아들 같은 수제자 디모데에게 다음과 같이 권면했다.

"그대는 이것을 알아 두십시오. 말세에 어려운 때가 올 것입니다. 사람들은 자기를 사랑하며, 돈을 사랑하며, 뽐내며, 교만하며, 하나님을 모독하며, 부모에게 순종하지 아니하며, 감사할 줄 모르며, 불경스러우며, 무

정하며, 원한을 풀지 아니하며, 비방하며 절제가 없으며, 난폭하며, 선을
좋아하지 아니하며, 배신하며, 무모하며, 자만하며, 하나님보다 쾌락을 더
사랑하며, 겉으로는 경건하게 보이나, 경건함의 능력은 부인할 것입니다.
그대는 이런 사람들을 멀리하십시오."(딤후 3:1-5, 표준새번역)

디모데 : 저와 형제님은 지금 마지막 때를 살아가고 있습니다. 이 마지막
때에 현저하게 드러나는 인생살이의 모습이 오늘 말씀에 정리되
어 있습니다. 그중 이 모든 것의 뿌리가 되는 두 가지가 있는데,
그것은 바로 '자기를 사랑하며'와 '돈을 사랑하며' 입니다. 자기를
사랑하는 자는 그리스도와의 교제가 단절된 자입니다. 돈을 사랑
하는 자는 제자로서의 삶이 단절된 자입니다. 사람들이 자기중심
적이고, 물질주의적이 됩니다.

뉴욕 청년 : 그런데 자기를 사랑하는 것이 무슨 큰 잘못인가요? 성경에서
도 '네 이웃을 네 몸과 같이 사랑하라'고 하잖아요. 그 말은 자
기를 먼저 사랑할 줄 알아야 한다는 말씀으로 이해하는데….

디모데 : 맞습니다. 그런데 문제는 하나님보다 더 사랑하는 것이 문제입니
다. 마지막 시대에 이르러서는 인본주의, 개인주의가 횡행하게 되
어 자기를 사랑하고, 자기 배를 위해 살고, 자기만 잘 살면 된다는
생각과 모습이 더욱 선명해집니다.

뉴욕 청년 : 디모데님이 지금 제가 사는 이 시대를 훤히 들여다보시면서 말씀하시는 것 같군요. 제가 살고 있는 이곳 뉴욕에서는 내 옆 집에 누가 살고 있는지 전혀 알 길이 없지요. 저 역시 이곳에서 10년 가까이 살다 보니 늘 작은 울타리 속에서 '나만 잘 되면 된 다'는 삶의 자세로 변질되고 있음을 자각하게 됩니다.

제자 디모데 : 그렇습니다. 또 돈을 하나님보다 사랑하는 것이 어떤 결과 를 이르게 되는지 이제부터 설명해 드리겠습니다. 그리스도 청년님께서는 돈을 사랑하십니까?

뉴욕 청년 : (선뜻 대답하지 못하고) 아…, 그러니깐….

디모데 : 대답이 좀 약하신데요…. 히브리서 13장 5절에 다음과 같은 말씀 이 있습니다. "돈을 사랑하지 말고 있는 바를 족한 줄로 알라 그가 친히 말씀하시기를 내가 결코 너희를 버리지 아니하고 너희를 떠 나지 아니하리라 하셨느니라." 이 말씀은 그리스도의 제자들이라 스스로 일컫는 사람들이 만약 돈을 더 사랑하게 되면, 그 결과는 결국 믿음에서 떠나게 된다는 말입니다(딤전 6:10). 그러면 우리는 어떻게 해야 합니까? 성경은 말씀합니다. "있는 바를 족한 줄로 알 라"(히 13:5)고 말이지요. 그렇게 하기 위해서 중요한 것은 주인이 누구인 줄 알면 됩니다. 당신의 주인이 돈인지, 하나님인지를 묻

는 것입니다. 또한 당신에게 주어진 돈이 당신 것인지, 아니면 하나님 것인지 묻는 것입니다. 한번 형제님의 지갑을 꺼내 보세요.

뉴욕 청년 : 제 지갑이요? 아, 예, 여기에…(두터운 지갑을 꺼낸다).

디모데 : 그 지갑의 주인이 형제님이십니까, 아니면 하나님이십니까? 지금 속으로 '아, 이거 내 것인데…' 하신 것은 아니신지요. 하하.
돈이 당신을 움직이고 있지는 않습니까? 또 돈 때문에 직장을 바꾸고, 이사를 하고, 돈을 좇아가는 인생을 살고 있지 않냐는 말입니다. 그럼 형제님, 다시 한 번 말씀해 보세요. 형제님께서는 돈을 사랑하십니까?

뉴욕 청년 : 하하. 직설적이시군요. 네, 그런 마음이 있습니다. 그래서 지금 다시 결단합니다. 전 결단코 돈이 제 인생을 주관하게 놓아 두지 않겠습니다. 제가 돈을 지배하겠습니다.

디모데 : 네. 그러세요. 이제 '자기사랑'과 '돈 사랑'이라는 이 두 가지 뿌리에서 나오는 쓴 열매들을 바울 선생님은 나열하고 계십니다. 이들이 바로 디모데후서에서 말하는, "뽐내며, 교만하며, 하나님을 모독하며, 부모에게 순종하지 아니하며, 감사할 줄 모르며, 불경스러우며(3:2), 무정하며, 원한을 풀지 아니하며, 비방하며 절제가 없

으며, 난폭하며, 선을 좋아하지 아니하며(3:3), 배신하며, 무모하
며, 자만하며, 하나님보다 쾌락을 더 사랑하며(3:4)" 입니다. 이중
'불경스럽다'는 말은 하나님의 주권과 영광을 생각하지 않고 행동
한다는 것을 의미합니다. '무정하다'는 말은 어미와 새끼 사이의
본능적인 애정에서 파생된 단어인데, 즉 기본적인 애정, 모태의
사랑이 사라지는 세대를 일컫는 것입니다. 절제하지 못한다는 말
은 자기 의지가 사라지고 정욕과 쾌락이 사람을 움직이게 되는 세
대를 말하는 것입니다.

뉴욕 청년 : 그렇군요. 나열된 것 중, '구모하며(조급하며)'는 제가 사는 이
시대를 대표하는 단어가 됩니다. 조급함은 식사도 패스트푸드
(fast food)로 하게 하여, 사람들은 비만이 되어 심장병이며, 혈
압이며 여러 가지 질병을 겪게 합니다. '조급함'은 늘 바쁘게 지
내야만 오히려 잘 살고 있는 것이라는 고정관념을 만들어 냈으
며, '조급함'은 늘 염려와 근심을 낳는 결과를 초래했지요. 바울
사도는 이런 삶의 모습으로 살아가는 오늘의 세대에게 그의 서
신서를 통하여 예견하시고 계시군요. 그분은 이 세대를 사는
우리에게 다른 서신서에서 이렇게 또 조언하심을 배웠습니다.
"아무것도 염려하지 말고 다만 모든 일에 기도와 간구로, 너희
구할 것을 감사함으로 하나님께 아뢰라 그리하면 모든 지각에
뛰어난 하나님의 평강이 그리스도 예수 안에서 너희 마음과 생

각을 지키시리라."(빌 4:6-7) 이 말씀의 핵심은 바로 여기에 있습니다. 만일 우리가 어떠한 일에 당면했을 때 우리의 마음이 조급해진다면, 바로 그때 우리는 하나님을 그 현실과 상황 속에서 제외하기 시작하는 것이라는 사실이지요. 조급하게 안달복달하는 순간 우리의 삶 속에서 하나님의 존재를 무시하는 것이지요.

디모데 : 맞습니다. 그래서 그럴 때마다 우리는 기도로 주님 앞에 나아가는 것이 필요하지요. 또한 바울 사도께서는 마지막 세대의 현주소를 다음과 같이 말씀하십니다. "쾌락을 사랑하기를 하나님 사랑하는 것보다 더하며…." 이 말씀은 왠지 '우리에 대해 말하고 있는 것이 아니다'라고 쉽게 단정지을 수 있습니다. '나는 그렇지 않잖아' 하고 말이지요. 그런데 사실 이 말씀은 다음의 내용과 동일한 말씀입니다. "삶의 평안을 추구하기를 말씀 가운데 사는 것보다 중히 여기며…." 이 의미는 곧 "쾌락을 사랑하기를 하나님 사랑하는 것보다 더하며"와 상통하는 뜻이지요. 왜냐하면, 요한 사도도 말씀하신 것처럼, "하나님을 사랑하는 것은 이것이니 우리가 그의 계명을 지키는 것"(요일 5:3)이기 때문이지요. 그러므로 그분의 말씀에 순종하는 삶이 나의 삶의 평안을 추구하는 삶을 압도하지 못한다면, 결국 나는 쾌락을 하나님보다 더 사랑하는 경우가 되는 것입니다. 요한 사도는 이렇게 결론을 지으십니다.

"이 세상이나 세상에 있는 것들을 사랑하지 말라 누구든지 세상을 사랑하면 아버지의 사랑이 그 안에 있지 아니하니 이는 세상에 있는 모든 것이 육신의 정욕과 안목의 정욕과 이생의 자랑이니 다 아버지께로부터 온 것이 아니요 세상으로부터 온 것이라. 이 세상도, 그 정욕도 지나가되 오직 하나님의 뜻을 행하는 자는 영원히 거하느니라."(요일 2:15-17)

결국에 모든 정욕은 지나가지만 하나님의 뜻을 행하는, 즉 '하나님을 사랑한다'고 표현하는 이 말씀 순종의 삶을 살아가는 인생은 영원하다는 말이지요.

part. 3

청년의 싸움

청년일 때 꼭 감당해야 할 싸움이 있다
가장 중요한 싸움은 바로 '지금' 주어진 나의 시간과의 싸움이다

청년 시기에 겪어야 할 싸움이 뭐 한두 가지이겠는가?

학교에서는 경쟁하는 친구들과 연기 나도록 두뇌 싸움해야 하고, 예쁜 여자 친구를 중간에 두고 피 터지는 사랑 싸움도 해야 하고, 맛있는 음식을 두고 스피드 싸움이며, 힘 자랑하며 겨루기 싸움도 하고, 그러다가 학교를 졸업한 후에는 취직 싸움을 해야 한다. 어디 이것뿐이겠는가? 언제나 청년들 주변에는 많은 싸움이 늘 서성거리고 있다.

성경은 청년의 싸움 중 대표적으로 성적 욕망에 대한 싸움을 많이 언급하고 있다. 하나님은 거룩하신 분이시고, 우리는 그분의 자녀이기에 세상 속에서 거룩함을 유지해야 할 책임이 있기 때문일 것이다. 그런데 이 싸움과 더불어 또 한 가지 싸움을 강조하고 있는데, 그것은 바로 '시간과의 싸움'이다. 바울 사도가 오늘 잠자는 청년들을 향하여 미래지향적으로 에베소교회에 선포된 말씀은 다음과 같다.

"그러므로 이르시기를 잠자는 자여 깨어서 죽은 자들 가운데서 일어나라 그리스도께서 너에게 비추이시리라 하셨느니라 그런즉 너희가 어떻게 행할지를 자세히 주의하여 지혜 없는 자같이 하지 말고 오직 지혜 있는 자같이 하여 세월을 아끼라 때가 악하니라."(엡 5:14-16)

바울 사도는 우리에게 '이제 그만 자라'고 선포한다. '눈을 뜨고 일어나라'는 말이다. '예수 그리스도가 당신 안에서 비전을 주시고 꿈을 주시고, 동행해 주신다고 약속하시는데, 자고 있지 말라'는 말이다. '그런즉', 그러니까 이제 세월을 아껴서 제대로 주어진 이 시간 안에서 지혜로운 자가 되라고 말씀하시는 것이다. 그렇다. 청년일 때 꼭 감당해야 하는 것이 바로 '나의 지금과의 싸움'이다.

1장

지금과의 싸움

지금 나의 선택이 당장은 미미해 보일런지 모르지만,
그것은 온 우주의 질서를 바꾸는
거대한 움직임이 될 수 있다.
이 사실은 '지금'을 소유한 나를 특별하게 만든다.

"내게 주시오. 얼른 주시오."

하루는 이 세상의 권세를 잡고 있던 사단이 한 젊은 청년에게 찾아와 한 가지 제안을 한다.

"당신이 나에게 당신의 '지금'을 준다고 약속하면, 나는 당신에게 보장된 '과거'와 '미래'를 주겠소."

그는 다음 말도 잊지 않았다.

"당신은 행복한 추억으로 가득한 과거를 갖게 될 것이고, 당신의 미래는 모든 사람들이 부러워할 만큼 큰 부자이며, 존경 받는 위대한 사람이 되어 있을 것을 약속하오."

그러자 이 젊은 청년은 잠시 생각하더니, 이렇게 질문한다.

"그렇다면, 당신은 나의 지금을 가지고 가서 어떻게 할 작정이요?"

사단은 음흉한 미소를 지으면서 말했다.

"내가 당신의 '지금'을 갖게 되는 순간, 당신을 과거를 기억 못하는 기억 상실증에 걸리게 할 것이고, 또한 미래를 갖지 못할 시한부 인생으로 만들 것이요, 흐흐흐."

그러므로 우리가 이미 짐작하듯, 우리의 인생 가운데 '지금'이라는 시간이 주어진다는 것은 참으로 큰 축복이다. 많은 철학자들과 위인들이 이미 '지금'의 시간적인 중요성을 여러 명언과 격언을 통하여 우리에게 귀가 닳도록 말해 준다. 그렇다면 성경에서는 이 '지금'에 대해 무엇이라 말하고 있을까? 성경에서도 '오늘'이라는 지금의 시간을 강조하는 구절이 여러 곳 있지만, 그중 네 번이나 반복되어 인용되고, 또한 거듭하여 선포된 말씀은 다음 한 구절이다.

"오늘 너희가 그의 음성을 듣거든 너희 마음을 완고하게 하지 말라."(히 4:7; 참고, 시 95:7-8)

인용된 여러 말씀 중, 성경의 히브리서 저자는 이 말씀을 배경삼아 '오늘'이라는 그날그날을 서로 권면하여, 아무도 죄의 유혹에 빠져 그 마음이 완고하게 되지 않도록 하라고(히 3:13) 권고하신다. 그런데 사실 본문에서 '오늘'이라는 단어가 빠진다 해도 그 나름대로의 의미를 설명할 수 있지 않았을까 생각해 본다. '너희가 그의 음성을 듣거든, 너희 마음을 완고하게 하지 말아라.' 이것으로 충분하지 않은가. 그런데 왜 이 '오늘'을 그토록 강조하셨을까 질문하지 않을 수 없다. 결론적으로, 그 이유는 바로 '지금'이라는 시간을 놓치면 안 되기 때문이다.

"아….

오늘 난 또 이 모양 이 꼴.

Crazy…man."

이것은 내가 중학교 때 미국으로 이민 온 후 자주 했던 말들이다. 하루를 마감하면서 꼭 한번쯤 입버릇처럼 하던 혼잣말인데, 그때는 정말 아무런 변화 없이 하루를 보내는 것이 두려웠고, 그렇게 하루가 지나가 버린다는 사실이 괴로울 정도였다. 여기서 'Crazy…man'은 '미쳐 버린'이라는 욕설이 아니라, '정신 없는 사람'이라는 의미로 쓴 말이었다. '좀 더 발전적이고, 좀 더 나아지는 오늘을 살았어야 하지 않는가' 하며 매일 반성문을 머리에 쓰고 새로운 도전을 준비하며 다음날을 준비하던 시기였음을 기억한다. 그렇게 살지 못한 하루라면 그야말로 정신 나간 사람(crazy)이라고 생각했다. 고등학교와 대학교 때는 'crazy man'이라는 표현에서 좀 더 굴욕적인 표현이 되어, 'stupid…'(한심한)라는 말을 자주 썼다. 돌이켜보면, 중학교 시절은 '정신 나간' 사람이 되지 않기 위해, 고등학교나 대학교는 '한심한' 사람이 되지 않기 위해 애쓴 시절이었다.

30대를 거치면서, 비록 그 말의 표현은 달라졌을지 몰라도, 같은 의미의 말을 매일 밤 되풀이하는 것은 여전한 것 같다. 그런데 20대와 30대는 역시 차이가 있다. 20대는 그날 후회하고 다음날은 새롭게 다시 도전하여 결국에는 변화라는 열매를 가져오는 반면에, 30대에는 매일 밤 후회만 할 뿐, 결국 변화라는 자리까지 이르지 못하고 만다. 즉 더 나은 인생을 살기 위해 노력하는 일에 게을러진다. 아마도 40대, 50대가 되면 더 그렇게 되지 않을까? 물론 마음은 늘 변화하여 더 나은 인생을 살 것을 염원하고 있을 것은 분명할 것이지만 말이다.

오늘, 지금이 중요하다

우리의 마음이 그렇다. 어느 순간 닫히면 그만인 것이 우리 마음이다. 내가 알고 있는 어느 한 커플이 있었는데, 그들은 오랫동안 교제를 했다. 그러다 보니 이미 자신들의 관계에 대하여 미래를 두고 다시 생각해야 할 시간을 훌쩍 넘어 버렸다. 남자 쪽에서 '오늘은 청혼해야지' 하고 결심하고 또 다시 하루가 지나고, 그 다음날도 그러려다가 또 지나가고, 그냥 그렇게 하루하루가 지나 어느덧 수많은 날들이 지났다. 그러던 어느 날 이제는 더 이상 지체할 수 없다는 듯, '오늘은 무슨 일이 있어도 말해야지' 하고 그는 아침에 눈을 뜨자마자 굳은 결심을 했다. 그날 저녁 그녀의 집 앞을 찾아간 그는 그녀를 불러 고백했다.

"우리 결혼하자."

이 말을 들은 여자의 눈에서는 눈물이 핑 돈다. 그리고 그녀는 이렇게 말했다.

"왜 이제야 말하는 거야? 난 이미 당신을 사랑하지 않는데…."

그 남자는 이미 자신을 향한 그녀의 마음이 돌같이 단단해진 상태임을 짐작하지 못한 것이다. 이게 바로 우리 인간의 마음이다.

인간을 창조하신 하나님은 이러한 인간들의 본성을 너무나도 잘 알고 꿰뚫고 계신다. 따라서 만약 지금 하나님의 말씀에 반응하지 아니한다면, 나의 마음은 단단하게 굳어버려, 후에 평생 하나님의 말씀에 반응하지 못한 채 한 인생을 마감하게 될 수도 있다는 말이다.

차가워진 마음, 뜨거워진 머리

보통 사람이 나이 30세를 넘기면서부터 그동안 경험해 보지 못한 두 가지 신체적 변화를 경험하게 된다. 하나는 차가워진 가슴이고, 다른 하나는 뜨거워진 머리이다. 이 말은 무슨 말인가?

20대는 열정이 있다. 그런데 많은 사람들이 뜨겁고, 열정적이고, 감성이 풍부하던 20대가 지나면서 싸늘해진 30대의 가슴을 갖게 된다. 반대로 머리는 항상 계산적이고 복잡해져서 뜨거워지고, 늘 스트레스와 더불어 끓는 냄비마냥 뜨겁기만 하다. 그래서 30대가 되면 계산해서 안 될 것 같으면 그냥 도전이고 뭐고 없이, 포기하고 그 자리에 안주해 버린다. 결과적으로 가슴보다는 머리가 더 뜨거워져 현실에 그냥 안주하고자 변화를 싫어한다. 그래서 남자들은 똥배가 나오기 시작하고, 여자들은 엉덩이가 커지기 시작한다. 문제는 이러한 변화를 그냥 두면 40대에 더욱 그 상태의 마음으로 굳어지고, 50대가 되면 아예 돌처럼 단단해진다는 사실이다. 그래서 결론적으로 그냥 내버려 둘 수 없는 것이 우리 인간들의 마음이다.

내가 아는 한 동역자는 대학 시절에 성경공부 리더로 뜨거운 열정을 가지고 그리스도의 제자의 삶을 살려고 안간힘을 썼던 사람이다. "짧은 인생, 하나님께 헌신된 삶을 살지 않겠느냐" 하고 입버릇처럼 말하며 권면했던 그였다. 당시 많은 사람들이 그분의 삶에 도전을 받고 변화됐다. 그런데 그가 결혼을 하고 좋은 직장을 갖더니 예전에 주를 향한 뜨거웠던 마음은 어느새 사라져 버린 채, 세상이 추구하는 삶의 방식을 그대로 따라 살아가고 있었다. 아이들 키우느라 시간도 없고, 전화비, 전기료 등등 매달 날아오는 카드값과 각종 공공요금을 납부하느라 돈에 쫓긴다고 변명한다. 그러면서 차가워지고 완고해진 마음, 본인도 모르는 사이에 굳어져 버려 진리의 말씀에 반응하지 않는 마음을 지닌 채 그렇게 살아가고 있다.

지금 마음의 온도는 몇 도?

지금 당신의 마음에 한번 손을 대 보라. 그 마음이 차갑게 굳어 있지는 않은가? 마음이 굳어진 사람은 마치 아스팔트와 같아서 물이 결코 그 밑으로 스며들어갈 수 없다. 하나님의 말씀이 은혜의 강줄기가 되어 내 안에 가장 깊은 곳까지 흘러갈 때, 그제야 마음의 변화와 행동의 변화를 이끌어서 삶의 변화로 연결되는데, 끝내 깊은 곳으로 스며들어가지 못한 채, 지면 위에서만 흐른다면, 나의 마음은 이미 차디찬 얼음장같이 완고해진 것이다. 진리의 말씀에 반응하지 못하는 인생, 그래서 세상에 동화되어 그럭저럭 사는 인생에서 딱 멈추고 만다.

그러므로 예측하건대, 하나님은 우리 인생살이의 과거, 현재, 미래 가운데 우리의 지금, 현 모습에 가장 큰 관심이 있으신 것이 분명하다. 그분은 분명 우리가 지금, 오늘 반응하시기를 원하시기 때문이다.

성경에서 하나님을 토기장이에 비유한 것도 그 때문이다.

"우리는 진흙이요 주는 토기장이시니 우리는 다 주의 손으로 지으신 것이니이다."(사 64:8)

하나님은 토기장이시며 우리는 질그릇이다. 질그릇이 그 모양을 변화시키려면 말랑말랑한 진흙으로 있어야 한다. 그래야 토기장이 되신 하나님께서 원하시는 모양으로 우리를 빚으실 수 있다. 뜨거운 열에 오랫동안 구워져 이미 단단한 사기그릇이 된 후에는 변화되기가 쉽지 않다. 아예 송두리째 깨져 버리기 전에는 말이다. 하나님이 그렇게라도 변화시키는 인생들이 분명 얼마든지 있다. 때로는 병으로, 사고로, 환경적인 어려움들로 우리의 마음을 부수어 변화할 수 있도록 하실 수 있다. 그러나 그때를 기다리지 말고, 지금 우리의 마음을 걸죽걸죽, 물컹물컹하게 만들어 언제든지 진리의 말씀에 반응하고 변화될 수 있도록 준비시켜 놓아야 할 것이다.

그런데 문제는 이미 단단해진 나의 마음을 다시 어떻게 걸죽걸죽하게 만들 수 있을까? 단단한 시멘트를 어떻게 다시 진흙처럼 걸죽하게 만들 수 있겠는가. 건축 전문가들은 이 질문에 금세 답할 것이다.

"물에 오랫동안 담가 놓았다가 꺼내어 망치로 두들겨 가루로 만든 후 다시 물에 넣고 오랫동안 막대기로 계속해서 저으십시오."

우리 인간의 마음도 그렇게 할 수 있다면 좋겠다. 마치 시멘트벽돌처럼 말이다. 그러나 인간의 마음은 그리 만만하지 않다.

"또 새 영을 너희 속에 두고 새 마음을 너희에게 주되 너희 육신에서 굳은 마음을 제거하고 부드러운 마음을 줄 것이며 또 내 영을 너희 속에 두어 너희로 내 율례를 행하게 하리니 너희가 내 규례를 지켜 행할지라."(겔 36:26-27)

다행히도 성경은 우리의 마음을 걸죽하게 만들 수 있는 것이 무엇인지 분명하게 제시한다. 그것은 바로 '그리스도의 피'이다. 단단해진 우리의 마음을 그리스도의 피에 듬뿍 적신 후, 말씀의 망치로 두들겨 산산조각내고, 다시 은혜의 눈물을 쏟아 넣고 계속해서 저어 주면 된다고 성경은 거듭 증거한다. 그 방법 외에 다른 방도를 찾을 수가 없다.

뉴욕 맨하탄 지하철의 아침 출근 시간, 그 광경은 정말 대단하다. 다양한 민족들이 어찌 그리 바쁘게 걷고 뛰는지 마치 전 세계를 한 자리에서 보는 듯하다. 게다가 땀 냄새와 쓰레기 냄새도 진동한다. 한 시간을 이곳에서 땀을 흘리고 나오면 벌써 지치고 피곤함이 밀려온다.

지하에서만이 아니다. 지상에서도 마찬가지이다. 반복되는 매일 아침의 전쟁, 차를 몰면 앞뒤가 막혀 움직일 줄 모르는 교통 체증. 이렇게 일터를 향해 달려갈 때면 내면에서 작은 음성이 들리기 시작한다. 이 음성은 바쁜 하루 일과와의 씨름 후, 지친 몸을 이끌고 집에 돌아와 불을 끄고 눈을 감으려 할 때에 들리는 음성과 동일하다. 뿐만 아니라, 이 내면의 소리는 항상 우리와 함께 매일을 살아가지만, 단지 우리가 잊고 살 뿐이다. 답변하기를 꺼려하듯 말이다. 그 질문은 바로 이것이다.

'나는 지금 어떻게 살고 있고, 또 어떻게 살아가고 있는가?'

'지금의 나는 어떠한가?'

헤르만 헤세(Hermann Hesse) 이후 최고의 득일 작가로 평가 받는 한스 크루파(Hans Kruppa)의 책, 『태양을 좇는 아이』(Kaito)는 진정한 삶을 발견하기 위해 일상적인 삶에서 벗어나 멀리 여행을 떠나는 열세 살짜리 한 소년의 성장 이야기를 다룬다. 이 주인공을 통하여 작가는 '우리는 지금 어떻게 살고 있는가'의 개인적인 질문을 시작으로 '인간은 왜 사는가'라는 문제로 향하여 그 답을 찾아나서는 내용을 담고 있다. 톨스토이와 견줄 만한 세계적인 작가 크루파도 오늘 우리 모두가 항상 고민하는 것을 같은 선상에서 고민하기 시작해서 우리보다 좀 더 깊이 묵상한 것이 분명하다.

우리는 항상 '지금의 나'의 모습을 보면서 후회하고, 돌이켜보기도 한다. 그러나 곧 또다시 반복되는 나의 원치 않는 습관들로 인해 우리는 스스로 생각하기로 '삶에 쩌들어 지친 자신이 형편없다'고 말한다. 그러면서 드는 마음은 바로 '쫓기고 있다'는 느낌. 늘 삶에 쫓기듯 우리는 하루하루를 그렇게 살아간다. 더욱이 '시간'이라는 인생의 동반자는 쫓기는 나를 위로하기는커녕, 나보다 더 빨리 앞서서 도망하듯 그렇게 나를 질질 끌면서 지나가 버린다.

그런데 우리가 주목하고 싶은 것은, 다양한 시간들 속에 '지금'이라는 시간이 주는 특별한 유익이다. 달려가는 열차를 멀리서 바라보고 있노라면, 이상하게도 열이면 열 다 우리의 인생살이를 생각하게 된다. 멀리서부터 내게로 달려오는 기차가 있다. 그리고 어느덧 그 기차는 내 앞에 서 있다. 그리고 잠시 후, 내 앞을 지나 멀리 떠나가는 기차가 그 꼬리를 감추는 순간까지 멀찌감치 쳐다보며, '인생이란 이런 거지' 하며 어느새 혼자 철학도가 되어 인생을 논하게 된다. 순간 드는 생각이 있다. 내가 나의 인생에 변화를 일으킬 수 있는 순간은 바로 기차가 내 앞에 서 있는 바로 '지금'이라는 시간이라는 사실이다. 그때에만 당장에 기차 안으로 들어가 변화를 일으킬 수 있다.

세계적인 문학가 톨스토이(Lev Nikolaevich Tolstoi)도 다음과 같이 말한다.

"가장 중요한 때는 현재다. 왜냐하면, 사람이 통제할 수 있는 것이 현재이기 때문이다."

따라서 이 '지금'은 마치 달리는 기차와 같이 빠르게 흘러가는 시간 속에 잠시 멈춘 시간이라 할 수 있다. 그 이유는 정신없이 바쁘게 살아가는 순간은 이미 당신의 지금이 될 수 없기 때문이다. 당신의 지금이 아니라, 그 '지금'은 이미 잃어버린 지금이다. 따라서 '당신의 지금'은 잠시 멈추어 생각하는 시간, 곧 지금 이 시간인데, 이 '지금'은 시계바늘이 가리키는 시간적인 개념을 넘어서서 삶의 격동 가운데 잠시 머뭇거리는 시간이다. 그러나 역설적으로, 잠시 머뭇거리는 이 '지금'이야말로 모든 것을 바꿀 수 있는 역동적인 순간이 될 수 있다는 것은 놀라운 일이다. 이 '지금'은 과거와 미래의 한중간에 서서 그 인생을 판가름한다. 그뿐만 아니라, 이 '지금'은 온 우주 속의 자연의 운동 속에서 한가운데 우뚝 자리 잡고, 전 우주를 움직이기도 하는 강력한 순간이다.

상상해 보라. 떨어지는 열매를 당신이 지금 당신의 한 손으로 한아름

줍는다고 했을 때, 그 열매는 곧 싹을 나지 못하는 상황이 될 것이고, 그럼 결국 한 그루의 나무로 자라지 못하게 되어, 훗날 그것의 수많은 열매를 맛볼 수 없게 된다. 또한 이렇게 떨어지는 열매를 주운 것으로 인해 그 열매를 통해 얻는 수없이 많은 나무가 자라는 것을 막게 되고, 결국에 지구 온난화를 가져올 수도 있다. 마찬가지로 지금 던진 당신의 한마디의 말이 상대방의 마음속에 심겨져 많은 열매를 괫기도 하고, 또는 독을 맺는 씨앗이 되어 그 사람에게 상처를 주고 훗날 한 인생을 죽이고, 망가뜨리는 결과를 초래할 수도 있다. 따라서 지금 나의 선택은 비록 한낱 작은 알갱이처럼 당장은 미미해 보일런지 모르지만, 그것은 온 우주의 질서를 바꾸는 거대한 움직임이 될 수 있다. 이 사실은 '지금'을 소유한 나를 특별하게 만든다. 이러한 '지금'의 특권이 청년 당신고 나에게 주어진 것이다.

"청년들아 내가 너희에게 쓴 것은 너희가 강하고
하나님의 말씀이 너희 안에 거하시며
너희가 흉악한 자를 이기었음이라."(요일 2:14)

그런데 세상의 권세를 잡고 있는 사단이 즐겨 하는 일이 바로 우리에게서 이 '지금'을 빼앗아 가는 것이다. 그는 우리를 분주하게 만들어 '지금'을 생각하지 못하게 한다. 또 우리의 정신을 몽롱하게 만들어 놓고 나의 지금을 제대로 보지 못하게 하기도 한다.

더욱이 사단은 '이미 늦었다'라는 말로 우리에게 걸림돌을 놓고, '넌 안 되잖아'라는 함정을 파서 우리를 늘 겨냥하고 덮칠 준비를 하고 있다. 그리고 사단은 '나중에 하지 뭐'라고 속삭이며 안일함과 게으름의 늪으로 우리를 유혹한다. 그러한 사단의 말대로 지금 해야 할 일을 뒷전으로 미루는 사람은 이미 '지금'의 특권을 저버린 사람과 다름없다.

오늘 막 암 판정을 받아 시한부 인생을 살게 된 한 젊은 남자가 있다. 의사가 앞으로 길어도 3주 이상을 살기 힘들다고 말했다. 이 남자는 3주밖에 남지 않은 그의 시간들을 어떻게 보낼지 고민하기 시작했다. 아직 결혼도 못한 젊은 이 남자…. 너무나도 하고 싶고, 해야 할 일들이 너무 많아 무엇을 먼저 해야 할지 난감하기만 했다. 그는 먼저 그동안 효도하지 못한 부모님께 마지막으로 효도라도 해야겠다는 생각에 부모님께 발걸음을 옮기려 하는데, 순간 들리는 음성이 있다.

'이미 너무 늦었잖아…, 이제 와서 뭘….'

그는 향하던 발걸음을 멈추었다. '이제 와서 효도해서 뭐하나'라는 생각이 그의 발길을 멈추게 했다.

그리고 또 드는 생각이 있다. 사랑 한번 제대로 못했던 그는 죽기 전에 한 여인을 만나 찐하게 사랑이라도 하고 죽어야겠다고 생각하고, 그가 그동안 짝사랑하던 친구에게 전화를 걸었다. 그러다 순간 생각이 들었다.

'너 저번에도 퇴짜 맞았잖아. 넌 안 되잖아.'

자신감을 잃은 그는 전화기를 내려놓는다. 이렇게 여러 가지를 하려고 하다가 결국 하지 못한 채 3주의 시간이 흘렀다. 그리고 그렇게 그에게서 '지금'이라는 시간이 사라지고 말았다.

그런가 하면 반대로 70대의 한 노인은 그의 죽음을 앞에 두고 다음과 같은 말을 한다.

"지구의 종말이 내일 닥칠지라도 오늘 나는 한 그루 사과나무를 심겠다."

훗날 마틴 루터(Martin Luther)도 이 글을 인용하여 이렇게 고백했다.

“오늘 나에게 주어진 삶에 최선을 다하는 것이 하나님께서 주신 삶을 값지게 사는 것입니다.”

고대 그리스 아테네의 작가 소포클레스(Sophocles)는 “우리가 헛되이 보낸 오늘 하루는 어제 죽어간 이들이 그토록 바라던 하루”라고 권고하며, “단 하루면 인간적인 모든 것을 멸망시킬 수 있고 다시 소생시킬 수도 있다”고 서술했다. 그들은 분명 ‘지금’이 주는 특별한 선물의 의미를 깨닫고, 그 ‘지금’을 값지게 사용한 사람들임이 분명하다.

사단이 우리의 ‘지금’을 빼앗기 위해 사용하는 속임수 중 가장 위력이 있는 것이 바로 우리의 시선을 빼앗는 것이다.

‘보기에 좋았더라.’

하와에게 다가섰던 사단의 공격이 이것을 증명한다. 많은 사람들이 이미 TV와 인터넷으로 ‘지금’을 빼앗기고 말았다. 우리는 눈을 마음의 창문이라고 부른다. 사단은 우리의 마음으로 들어가는 창문이 눈임을 이미 알고 있다. 그러므로 눈의 시선을 사로잡아 곧 마음을 빼앗아 가려는 사단의 목적이 바로 이것이다.

따라서 오늘날 사단의 공략은 그리스도 청년들로 하여금 시간을 낭비하도록 한다. 미디어가 들끓는 세상 속에 파묻혀 허덕이게 한다. 나 역시 글을 마이크로소프트 워드를 사용하여 쓰는데, 요즘은 글을 쓰는 것이 더 힘든 이유가 글을 쓰다가 막히면 인터넷을 이리저리 들여다보다가 결국 글도 쓰지 못한 채 시간만 낭비하는 경우가 다소 있다. 나는 요즘 책과 더불어 미디어와의 싸움을 하고 있다. TV나 컴퓨터에 앉아서 시간을 보내는 것보다 어떻게 해서든 책을 읽는 시간을 더 가지려고 애를 쓴다. 이 싸움은 오늘도 계속된다. 오늘날 우리 인생의 문제는 이것이다. 쓰잘머리 없는 것에 값비싼 인생을 낭비한다. 이것은 사단의 모략이 분명하다.

'지금'의 의미 변화 - '나의 지금'에서 '그분의 지금'으로

마가복음을 보면 예수님께서 무화과나무를 저주하시는 장면이 나온다. 예수님께서 베다니를 향해 가시는데, 무척 시장하셨는지 길가에 잎이 무성한 무화과나무를 보시고 혹시 그 나무에 열매가 있을까 하여 가까이 가서 보셨는데, 잎사귀밖에는 아무것도 없었다. 무화과의 철이 아니었기 때문이다. 그때 예수님께서 그 나무에게 말씀하셨다.

"이제부터 영원히, 네게서 열매를 따 먹을 사람이 없을 것이다."(막 11:14, 표준새번역)

이른 아침에 제자들은 이 나무가 뿌리째 말라 버린 사실은 발견한다. 예수님께서 나무에게까지 말씀하면서 당시의 제자들과 오늘을 사는 우리에게 주시고자 하는 이 무화과나무의 교훈은 무엇인가?

예수님께서는 그때가 무화과 열매가 맺는 철이 아님을 분명히 알고 계셨다. 우리는 이 사건을 보면서 '아니, 열매 맺을 때가 아닌데, 예수님이 너무 배가 고파서 나무에 대고 화풀이를 하신 것은 아닌가?' 하고 생각할 수도 있을 노릇이다. 하지만 여기에는 더 깊은 의미가 있다. 여기서 '때가 아닌 것'은 누구의 때를 말하는가? 무화과나무에게 있어서는 이때가 아닌 것이다. 우리는 여러 가지 핑계를 내세우며 '지금은 때가 아니다'라고 말한다. '지금은 주님의 일을 할 수 없습니다'라고 말하며 나의 상황을 핑계댄다. 그러나 예수님은 지금 쓰시고자 하신다. 예수님의 때는 바로 '지금'이라는 말이다. 그리고 그분의 때를 놓치면 아무도 나의 인생을 통해 열매를 맛볼 수 없게 된다는 것이 이 저주받은 무화과나무의 교훈이다.

지금은 곧 타이밍(timing)을 말한다. '언제 하면 되나요?'라는 질문에 우리는 '지금'이라고 말한다. 그러므로 이 지금은 우리가 결정하는 것이다. 환경과 상황을 잘 파악하여 정확한 타이밍을 알고 선택하는 사람을 우리가 지혜로운 사람이라 여기는 것은 당연한 것이다. 그런데 '그분의 지금'이 내 안에서 시작하면서 이 '지금'은 더 이상 나의 소관이 될 수 없다. 그것은 그분의 소관이 된다. 내 안에 있는 그분의 '지금'이기 때문이다. 따라서 주가 말씀하실 때가 곧 '지금'이 된다.

이 사실은 우리의 인생에 많은 변화를 요구하며, 또한 많은 변화를 일으킨다. 왜냐하면 그분의 지금에는 변화를 일으키는 능력이 있기 때문이다. 따라서 '내 안에 있는 그분의 지금'을 경험하는 삶은 늘 '그분의 지금'이라는 타이밍에 맞추어 모든 일들이 진행된다. 그분이 '가라' 하면 그때 가는 것이다. 그분이 '멈추어라' 하면 그때가 멈추어야 할 시간이다.

하루는 중국에서 선교사역을 하시는 부모님께 전화를 드렸다. 실은 그 전날 밤, 왠지 꿈속에서 어머니를 만나고 내가 '그만 돌아오세요' 하고 거듭 말하며 눈물을 흘리다가 잠에 깬 탓에 염려가 되었기 때문이다. 전화를 받은 어머니께 꿈 얘기를 말씀드리니 어머니께서는 웃으면서 말씀하셨다.

"고맙구나, 염려해 줘서. 내년에 네 아버지와 인도에 갔다가 돌아가마. 하나님께서 가라는 마음을 주셔서…. 가서 무엇을 할지, 어디로 가야 할지는 모르지만, 일단 가라고 하시니 가 보고, 가서 하나님이 보여 주시는 길에 순종하여 그 일을 한 후에 돌아가마."

짧은 대화였지만, 그 후 어머니의 말씀이 내 머릿속에서 떠나지 않았다. 하나님의 지금에 나의 인생을 맞추어 사는 삶, 나의 어머니와 아버지가 그렇게 살고 계신 것이다. 나에게 어떠한 훌륭한 설교보다도 이때 어머니의 말씀이 더 큰 도전을 주었다.

결론적으로 나의 지금은 더 이상 내 소관이 아니라는 말이다. 더 이상 나는 나의 지금 속에 살아가는 것이 아니라 그분의 지금 속에서 살아가는 것이다. 그분의 지금과 나의 지금의 차이점은 분명 그 주체가 다르다는 것에 있다. 그분이 곧 '지금'의 주체가 된다. 그분의 사랑과 그분의 지혜가 나를 압도하는 삶이다.

"그리스도의 사랑이 우리를 강권하시는도다."(고후 5:14)

그 어느 시기보다도 바로 청년 시기에 나의 지금을 '그분의 지금'으로 살아가며, 더 깊은 그리스도와의 관계를 형성할 수 있다면 우리는 진정한 그리스도의 청년으로 살아갈 수 있다.

내 안에 있는 그분의 지금이 시작된다

"은과 금은 내게 없거니와, 내게 있는 이것을 네게 주노니, 나사렛 예수 그리스도의 이름으로 일어나 걸으라."(행 3:6)

하루는 베드로와 요한이 성전을 향해 걸어가고 있었다. 그들은 익숙한 성전문을 지난다. 오래 전부터 '아름다운 문'이라고 알려진 이 문을 지날 때면 베드로와 요한은 늘 궁금했다.

'왜 아름다운 문일까? 그다지 아름다워 보이는 문은 아닌데….'

그들이 알지 못한 또 한 가지는 바로 오늘 이 질문의 해답을 그들이 찾을 수 있을 것이라는 사실이다.

이 '아름다운 문(미문)' 밑에는, 태어나면서부터 걷지 못해 행각들에게 구걸하며 생활을 꾸려 온 한 사람이 앉아 있었다. 베드로와 요한은 이 사람을 오래 전부터 잘 알고 있었다. 그가 다른 사람의 도움으로 떠메어 이 자리에 매일 옮겨진다는 사실도 알고 있었고, 그가 원하는 것은 단지 하루 한 끼 때울 수 있을 만큼의 돈 벌기를 원한다는 것도 알고 있었다. 그날 역시 모든 것이 예전의 모습과 다를 것이 없었다. 오래 전부터 지나던 '미문'과 그 아래에서 쪼그리고 앉아 구걸하는 그 사람…. 달라진 것이 하나도 없다. 그런데 가만히 다시 보면 달라진 것이 한 가지가 있었다. 그것은 바로 그리스도께서 베드로와 요한 안에서 살아 계시며, 이들이 더 이상 '나의 지금'을 살아가는 것이 아니라, 바로 '그분, 예수 그리스도의 지금'을 살아가고 있다는 사실이다.

"내게 자비를 베푸소서."

돈을 얻기 위해 손을 뻗고 구걸하는 그를 향하여 베드로가 말하기를, 그대가 원하는 "은과 금은 내게 없거니와, 내게 있는 이것을 네게 주노니, 나사렛 예수 그리스도의 이름으로 일어나 걸으라" 하고 선포한 후, 그의 오른손을 잡아 일으켰다. 순간, 그는 즉시 다리와 발목에 힘을 얻게 되고, 그 자리에서 걷고 뛰고, 하나님을 찬양하면서 그들과 함께 성전으로 들어 갔다. 이 사건은 그들 안에 있는 '그분(그리스도)의 지금'이 강하게 역사하는 것을 보여 주는 증거이다.

베드로에게 있는 것, 그것은 무엇인가? 그는 분명 앉은뱅이가 바라던 금과 은은 없었다. 그러나 그에게 있던 것은 바로 예수 그리스도의 이름이 다. 그리고 그분은 한 인생에게 잠시적인 만족을 주는 것에 관심이 없으시 다. 그분은 우리 인간의 참된 굶주림과 목마름을 밝히 알고 계시고 그것에 관심을 가지신다. 바로 그분이 베드로를 통하여 주도적으로 일하시는 것 이다. 베드로 안에 있는 그리스도의 지금, 그분은 지금 앉은뱅이를 일으키 시는 중이다.

그분의 지금, 내 안에 있는 그분과 나와의 관계

"아들이 있는 자에게는 생명이 있고 하나님의 아들이 없는 자에게는 생명 이 없느니라."(요일 5:12)

본문의 증거는 곧 내 안에 또 다른 인격이 있다는 말이다. 그런데 만약 그 인격이 '21세기 시어머니'이고 나는 '21세기 며느리'라고 한다면 그 관계는 굉장히 어색할 것이 분명하다. 다행이 그분은 시어머니가 아니시다. 그렇다면 내 안에 있는 그리스도와 나의 관계는 어떠해야 할까?

이제 '내 안에 있는 그분의 지금'이타는 새로운 도입 속에서 성경은 인간이 이해할 수 있도록 가장 비슷한 관계인 신랑과 신부의 관계를 선택하여 이 관계를 설명한다. 곧 내 안에 계신 그리스도는 신랑이고, 나는 신부이다. 그리고 두 인격이 서로 사랑하는 관계임에는 틀림없다.

성경은 또한 신랑과 신부의 관계에서 서로에게 가장 중요한 의무를 한 가지씩 뽑아 증거하고 있다. 신랑이 신부에 대하여 꼭 감당해야 하는 의무는 '사랑'이라고 말씀하신다. 따라서 신랑은 신부를 '내 몸과 같이' 사랑해야 한다고 가르치고, 신랑 되신 예수님은 손수 이미 자신의 몸을 죽이면서 우리를 사랑한다고 확증된 사랑으로 이 말씀의 본보기로서 증거하셨다.

그렇다면 이제 신부쪽 차례임이 분명하다. 우리가 이미 들은 바 성경은 신부가 신랑에 대하여 꼭 감당해야 하는 의무를 '순종(복종)'이라고 가르친다. 그러므로 우리가 우리의 신랑 되신 여수 그리스도를 향하여 해야 할 일은 순종이며 충성이다. 그분이 내 안에서 일하실 때, 우리는 그분께 순종해야 한다.

그분이 지금 내 안에서 일하신다

"내가 아버지 안에 있고, 아버지께서 내 안에 계시다는 것을, 네가 믿지 않느냐? 내가 너희에게 하는 말은 내 마음대로 하는 것이 아니다. 아버지

 내가 아버지 안에 있고, 아버지께서 내 안에 계시다는 것을 믿어라. 믿지 못하겠거든 내가 하는 그 일들을 보아서라도 믿어라."(요 14:10-11, 표준새번역)

위의 본문은 인성으로 오신 예수님, 그분 안에서 그분의 아버지 되신 '하나님의 지금'을 세상 한가운데 인간의 육체의 몸속에서 살아가고 계심을 손수 증거하시는 부분이다. 그는 계속하여 '아버지께서 내 안에 내가 아버지 안에' 계심을 설명하신 후, '아버지께서 내 안에 계시면서 자기의 일을 하신다'고 서술하신다.

또 사도 요한은 요한일서에서 당시 초대교회의 성도들에게 동일한 표현으로 다음과 같이 말씀하신다.

"하나님께서 우리에게 자기 영을 나누어 주셨습니다. 이것으로 우리가 하나님 안에 있고, 또 하나님이 우리 안에 계시다는 것을 우리는 압니다…. 누구든지 예수를 하나님의 아들로 시인하면, 하나님이 그 사람 안에 계시고, 그 사람은 하나님 안에 있습니다."(요일 4:13, 15, 표준새번역)

분명 믿는 성도들 안에 들어오신 성령님은 '하나님의 지금'을 우리 안에서 이루시기를 원하신다. 따라서 우리는 더 이상, '나는 지금 어떻게 살고 있는가? 잘 살고 있는가?' 질문하는 것에 머무를 수는 없다. 이제 우리의 질문은 다음과 같이 바뀌어야 한다.

'내 안에 하나님의 지금은 어떠하신가?'

'나는 나의 인생을 그분의 지금에 맞추어 재정비하고 있는가?'

'그분이 지금 내 안에서 어떠한 일을 하시는가?'

그런데 그분이 지금 우리 안에서 일하시는 모든 것은 하나의 뿌리를 두고 있다는 사실을 말씀 속에서 발견해야 한다. 우리는 그 뿌리를 이루는 말씀을 깊이 살펴볼 필요가 있는데, 그 말씀은 다음과 같다.

"보라 지금은 은혜 받을 만한 때요 보라 지금은 구원의 날이로다."(고후 6:2)

사도 바울을 통하여 선포된 이 말씀에서 눈여겨보아야 할 단어는 바로 '지금'이라는 말이다. 그러므로 지금이 은혜 받을 때이며, 구원이 임하는 날이다. 내 안에 있는 그분의 지금이 바로 이것에 뿌리를 두고 일하시고 계신다.

이제 하나님의 관점에서 이 '지금'을 보자. 즉 '그분의 지금'이 어떻다고 말씀하시는가? '그분의 지금'은 지금 은혜를 베푸시고 우리를 구원의 자리로 초청하고 계신다. 따라서 바로 이 일들이 지금 내 안에서 베풀어져야 한다. 내 인생을 통해서 그분의 은혜가 전달되며, 나의 지금을 통하여 그분의 구원의 손길이 "지금" 뻗어져야 한다. 이렇게 그분의 지금이 내 안에서 시작될 때 내 안에 있는 감성과 이성, 그리고 행동에 자연적으로 드러나는 특징들이 있다. 여기서 '지정의', 즉 감성, 이성, 그리고 행동이라 함은 나의 전부를 차지하는 세 가지 요소이다. 따라서 그분의 지금이 내 안에서 시작되면서 나의 전부에 표출되는 특징들이라 볼 수 있는데, 그것은 다음과 같다.

감성 - 흥분과 열정

이성 - 이타중심적인 사고방식

행동 - 절대순종

먼저 '그분의 지금'이 내 안에 시작될 때, 우리의 감성에는 흥분과 열정으로 가득 차게 된다. 그 이유는 하나님은 열정의 하나님이시기 때문이다. 그리고 사랑의 하나님 되신 그분은 영혼에 대한 열정으로 나를 채우신다. 예수 그리스도를 보내시기까지 한 영혼을 사랑하시는 그분의 마음이 나의 감성에 표출되는 것이다. 그리고 우리는 흥분할 수밖에 없다. 전 우주의 창조자 되신 그분이 이토록 작은, 밀알과 같은 부족한 내 안에서 역사를 이루어 가신다는 사실이 온몸에 전율을 일으키기에 충분하기 때문이다.

또한 나의 이성은 그분의 지금이 시작되면서 항상 타인을 향하게 된다. 더 이상 나 자신만을 바라보던 시야에서 멈출 수 없다. 이 세상에 복음이 사라진 곳, 그리고 고아들과 가난이 있는 곳을 향하여 우리의 시선은 고정된다. 바로 하나님의 관심거리에 나의 시선이 멈추게 된다.

그리고 우리의 이성은 그들에 대한 생각들로 가득 차, 나 자신이나 개인의 행복을 추구하는 생각이 낄 틈이 없게 된다. 나의 행복은 어느새 다른 사람을 섬김으로부터 나온다. 예전에는 내가 누리는 것, 내가 가진 것에서 오는 포만감으로부터 오는 행복감이었다면, 이제는 '그분의 지금' 속에서, 내가 주는 것과 희생하는 것을 통해 새로운 행복감을 느끼는 것이다. 그래서 나의 이성은 늘 바쁘다. 섬길 대상을 향한 계획과 방법 등으로 늘 가득 차 있기 때문이다.

마지막으로 '그분의 지금' 속에서 나의 행동은 '절대순종'으로 표출된다. 절대 앞서 가거나, 내 방식대로 지금을 마구 또는 함부로 보낼 수 없다. '그분의 지금'에서는 그분께서 일하실 때에 내게 필요한 것이 오로지

'순종'일 뿐이다. 다른 것은 필요치 않다. 스스로 무언가 해 보고자 애쓸 필요가 없다. 나의 가치를 높이기 위해 노력할 필요도 없다. 그러나 순종은 절대적이다.

당신은 지금 이 세 가지를 다 경험하고 있는가? 그렇다면 당신은 지금 '그분의 지금'을 살아가고 있는 것이다. '그분의 지금'이 내 안에서 살아져 갈 때가 우리 인생이 최고의 순간이 될 수밖에 없는 것은 전 우주의 창조주 되신 하나님이 지금 '나'라는 작은 인생을 통하여 그분의 역사를 이루어 가시는 시간이기 때문이다.

부활하신 예수 그리스도는 내 안에서 살아
역동적으로 움직이신다. 그리고 이제
'그분의 지금'이 내 안에서 시작된다.

내 안에서 '지금'의 주체 되신 하나님. 그분의 마음, 그분의 생각, 그분의 계획, 이것이 모두 내 안에 있는 그분의 지금이다.

얼마 전 충격적인 소식을 접했다. 나는 지금 미국 뉴저지에 거주하고 있어 뒤늦게 한국의 소식을 전해 들었는데, 너무나도 잘 알려진 청년사역 목회자가 불미스러운 일로 사역을 접게 되었다는 소식이었다. 많은 베스트셀러 기록들도 세웠고, 청년들이 잘 들을 수 있는 설교로 잘 알려진 분이셨다. 내가 그분을 향해 손가락질할 수 없는 이유는 나도 언제든지 그렇게 될 수 있기 때문이다. 그래서 '그분의 지금' 속에 머물러 있는 것이 너무나도 중요하다.

책상 앞에 가만히 앉아 나는 내 안에서 일하시는 그분의 지금에 집중해

본다. 그리고 '그분의 지금' 속으로 두 손 높이 들고 들어가 항복한다. 그때 하나님은 비로소 나를 그분의 지금으로 초청해 주시고 나를 그분의 동역 자로 삼아 주신다. 나는 그분의 몸의 한 부분이 되어 그분께서 하시는 일 에 동참하면서 그분의 계획 속에 합류한다. 이것은 마치 많은 군사들 중, 특별한 군사들을 뽑아 그들을 훈련시키며 특별한 의무를 맡기는 것과 같 다. 그런데 만약 이렇게 뽑힌 이들이 어느 날부터 나태하거나 불순종한다 면, 대대장 되신 하나님은 더 이상 이들을 특수부대에 머물게 하지 않고 다른 평범한 군사들의 자리로 돌려보낼 수밖에 없다. 그러므로 우리는 언 제든지 그분의 지금의 자리에서 탈락되거나 중도하차 되는 경우가 많다는 사실을 염두에 두고 있어야 한다. 그래서 우리가 그렇게 되지 않으려면 다 음 세 가지를 꼭 붙들어야 할 것이다.

(1) 청년들이여, 그분이 지금 내 안에서 하시는 일을 주목하라

분주한 우리의 일상생활 속에서 우리의 시선을 자주 빼앗겨 버릴 때가 있다. 시선을 어디에 두는가가 중요하다. 우리는 보는 것에 마음을 빼앗겨 버리기 십상이기 때문이다. 하나님의 일하시는 것에 주목하기 위해 우리 는 우리의 내면 속에서 하나님께서 관심을 두시는 두 가지를 늘 보고 있어 야 한다. 이 두 가지는 바로 '그리스도를 믿는 믿음'과 '서로 간의 사랑'이다.

"하나님의 계명은 이것이니, 곧 그 아들 예수 그리스도의 이름을 믿고 그리스도께서 우리에게 명하신 대로 서로 사랑하라는 것입니다."(요일 3:23, 표준새번역)

내 안에 있는 주를 향한 믿음에 하나님께서는 관심을 가지신다. 또한 여기서 '서로 간의 사랑'은 곧 그리스도를 믿는 믿음의 표현이며 증거이다. 따라서 하나님께서는 이 두 가지와 관련된 일을 지금 내 안에서 하고 계신다. 그러므로 이 두 가지는 우리의 삶의 우선순위가 되어야 하며, 그분의 지금을 경험할 수 있는 토대가 되어야 한다.

(2) 청년들이여, 그분이 지금 내 안에서 하시는 말씀에 귀 기울이라

그분의 지금, 내 안에서 끊임없이 말씀하신다. 지금이라는 이 순간 그분께서는 말씀하신다. 하나님의 말씀에 성실히 듣고 반응해야만 우리는 '그분의 지금'의 삶 속에 계속하여 머물 수 있다. 이것은 곧 영원으로부터 오는 소리이며, 또한 우리의 존재를 일깨우는 말씀이다. 그분께서 말씀하시는 그 말씀으로 인하여 나는 예수님께서 재림하시는 그날 영원히 그분과 함께하는 존재라는 것을 늘 기억하게 되며, 그렇게 지금을 '그분의 지금'으로 살아갈 수 있는 원동력이 된다.

(3) 청년들이여, 그분에게 절대 순종하라

불순종은 '그분의 지금'의 삶에서 자진 탈퇴하겠다고 선언하는 것과 동일하다. '하나님, 더 이상 하나님의 시간에 못 맞추겠어요. 하나님, 더 이상 하나님을 신뢰할 수 없어요' 하고 말하는 것이 바로 불순종이다. 그러므로 '그분의 지금'에 나의 삶이 견고하게 머물고자 한다면 절대순종은 너무나도 중요한 부분이라 볼 수 있다. 훗날 그분 앞에 우리가 섰을 때에, 이러한

순종의 삶을 살아온 나를 향하여, 그분으로부터 "나의 충성된 종아"라고 칭찬받기를 소원하는 것이다. 그리고 마음속 깊은 곳에서 소리쳐 외친다.

"주여, 오늘 나의 지금이 당신의 지금 되게 하소서!"

그리스도 안에 머문다는 것

그리스도 안에 머무는 것은 곧, '나의 지금'이 현재 그리스도라는 엄마의 아기집에 담겨 있다고 보는 것이다. 그 안에서 아기는 자기 마음껏 발차기도 하고 뒤집어졌다가 돌아눕기도 한다. 그것은 모두 아기가 원하는 대로 하는 것이다. 그러나 산모의 영향력의 경계선(boundary) 안에 있어서 보호도 받고, 영양분도 얻어 꾸준히 자라게 된다. 여기서 산모와 아이의 관계는 신비스러울 정도로 친밀한 사랑의 관계를 보여 준다. 한번 상상해 보라. 내 몸 안에서 꾸물거리는 아이, 그리고 그 안에서 느끼는 친밀감은 어미와 아이만이 가질 수 있는 특별한 축복의 관계이다.

"여러분은 그 가르침대로 언제나 그리스도 안에 머물러 있으십시오. 그러므로 자녀 된 이 여러분, 그리스도 안에 머물러 있으십시오. 그렇게 해야 그가 나타나실 때에 우리가 담대함을 가지게 될 것이며, 그가 오실 때에 그 앞에서 부끄러움을 당하지 않을 것입니다."(요일 2:27-28, 표준새번역)

그리스도인('자녀 된 이 여러분')이 된 후에도 끊임없이 힘써야 하는 이 구절, '그리스도 안에 있는 것'의 참 의미는 무엇일까?

우리 안에 성령이 내주하신다. 그런데 그런 우리에게 본문은 그리스도

나는
그리스도의
청년이다

안에 머물기에 힘쓰라고 말씀하신다. 그렇다면 그리스도 안에 머문다는 것은 내 안에 성령이 내주하는 것 이상의 그 무엇이 요구된다는 말이다. 즉 그리스도 안에 머문다는 것은 하나님의 자녀가 됨으로 끝나는 것이 아니라, 오히려 그 순간 시작되는 것이요, 더 힘써 그 자리를 지켜야 한다는 말이다. 그렇게 할 때에만 예수님의 재림 때에 당당함을 가지고 그분과 얼굴을 맞댈 수 있기 때문이다. 따라서 여기에서 그리스도 안에 머문다는 것은 바로 하나님의 자녀 된 우리가 그리스도와 뜨거운 교제함에 들어가는 관계 속에 늘 거한다는 말이다. 마치 어미 뱃속에 있는 아이와 엄마와의 친밀한 관계처럼 말이다.

그렇다면 그리스도와의 뜨거운 교제라는 것은 구체적으로 어떤 의미일까? 이 의미를 더 분명하게 설명하는 예화가 성경에 나와 있다. 바로 룻기에 나온 시어머니인 나오미와 두 며느리 이야기이다. 여기서 남편을 잃은 세 과부가 등장한다. 이러한 급박한 상황에서 끝까지 시어머니와 함께하겠다던 두 며느리를 나오미는 끝내 뿌리치고자 한다. 자기만 잘 살자고 젊은 두 과부를 그냥 이대로 늙은 자기와 살게 할 수는 없는 노릇이기 때문이다. 결국 둘 중 한 며느리인 오르바는 시어거니의 완강한 권유로 자신의 친정으로 떠나기로 결단한다. 그러나 다른 며느리인 룻은 다음과 같이 시어머니에게 말하며 오히려 완고한 시어머니를 설득한다.

"나더러, 어머니 곁을 떠나라거나, 어머님을 뒤따르지 말고 돌아가라고는 강요하지 마십시오. 어머님이 가시는 곳에 나도 가고, 어머님이 머무르시는 곳에 나도 머무르겠습니다. 어머님의 겨레가 나의 겨레이고, 어머님의 하나님이 내 하나님입니다. 어머님이 숨을 거두시는 곳에서 나도 죽고, 그곳에 나도 묻히겠습니다. 죽음이 어머님과 나를 떼어놓기 전에 내가 어머님을 떠난다면, 주님께서 나에게 벌을 내리시고 또 더 내리신다 하여도 달게 받겠습니다."(룻 1:16-17, 표준새번역)

분명 두 며느리와 시어머니의 관계에는 변함이 없다. 둘 다 며느리임에 틀림없다. 마치 우리가 믿음을 통하여 모두 구원의 자리에 있는 것에 대해서는 변함이 없는 것처럼 말이다. 그러나 두 며느리에게는 분명한 차이가 있다. 하나는 교제의 관계에 끝까지 머문다. 목숨을 걸고 그 자리를 지키려고 안간힘을 쓴다. 이 교제의 자리는 룻이 그러했던 것처럼 희생과 자기포기를 요구하는 자리인 것이 분명하다. 룻의 이러한 삶의 결단과 삶의 모양이 오늘날 구원받은 우리가 '그리스도 안에' 끝까지 교제의 관계에 머물기를 결단하는 것과 마찬가지이다.

그리스도와 교제하고자 그분이 계신 곳에 내가 있기를 원하고 그분이 머무르는 곳에 내가 서기를 원하고, 그분이 진 십자가를 나 역시 짊어지고 그분과 교제하는 자리에 견고히 자리매김하기를 원하는 것이다. 마치 룻과 시어머니 나오미의 관계처럼 말이다.

바울은 결단코 '그리스도와 함께 십자가에 못 박히는 것'을 과거의 일회적인(once-for-all) 사건이라고 생각하지 않았다. 즉 나는 그리스도와 함께 못 박혔고, 여전히 그런 상태로 있다고 보는 것이다. 그러므로 '나는 여전히 그리스도와 함께 그 십자가 위에 매달려 있다.'(제임스 던, 『바울신학』)

우리가 그리스도인이 된다는 것은 바로 이 말씀이 주는 이미지(image)

가 정확하게 말해 준다. 십자가에 예수 그리스도와 내가 나란히 달려 있는 모습을 생각해 보라. 고통 받는 예수님. 저주받은 십자가, 그리고 그 옆에 나란히 달린 내가 있다. 그런데 이런 모양새가 되기까지 다음과 같은 과정을 꼭 거쳐야만 한다.

첫 번째로, 예수님께서 나의 죄를 감당하시기 위해 먼저 십자가에 달리신다. 이 행위는 하나님께서 인간과 세상에 대한 사랑을 직접적으로 표현하신 모습이다. 그분 자신을 우리에게 주시는 것이다.

두 번째 사건은, 바로 이 순간 예수 그리스도의 피 값으로 나의 죄는 용서를 받는다. 그리고 하나님의 의가 내 안에 심겨진다. 물론 그분은 모든 사람을 위하여 십자가에 달리셨으나, 구원의 자리에 이르게 되는 사람은 믿음을 통해서만 가능하기에 극히 한정된다. 대가 없는 선물, 은혜가 우리에게 주어진다.

세 번째로, 이제 이 은혜를 겪은 인생을 사는 사람은 스스로가 기쁨으로 예수 그리스도의 자리로 나아간다. 그분의 사랑을 먼저 체험했기에, 그도 그분을 사랑하게 되고, 그 사랑에 못 이겨 그분과 같이 하기를 소원하게 되는 것이다. 그리고 바로 그 자리, 십자가의 자리로 자기 스스로 나아가는 것이다. 나의 죄를 감당하신 예수님께서 십자가에 누워 계시고 그분의 사랑에 못 이겨 스스로 그분의 십자가 옆에 나란히 가지런하게 눕는 것이다. 그리고 나의 자아, 나의 정욕, 나의 최선, 나의 꿈, 이 모든 것이 그 십자가 위에서 고스란히 못 박힌다.

순간, 엄청난 일이 우리에게 일어난다. 바로 예수 그리스도가 사망권세를 이기시고 부활하시는 것이다. 중요한 사실은 그분이 십자가에 나란히 못 박힌 내 안에서 부활하시는 것이다. 내가 나의 자아와 정욕을 십자가에 붙들어맨 이상, 부활하신 예수 그리스도는 내 안에서 살아 역동적으로 움직이신다. 그리고 이제 '그분의 지금'이 내 안에서 시작된다. 그분은 격동적이고 뜨거운 열정과 더불어 나를 움직이시고, 나를 사로잡아 나의 삶을 통하여, 나의 실수까지도 사용하시어 그분의 뜻을 이루어 나가신다. '내 안에 있는 그분의 지금'의 막이 나의 삶 속에서 이제 시작되는 것이다.

4장

창조적인 **구상**으로
나의 **지금**을 **정복**하라

> "형제자매 여러분, 무엇이든지 참된 것과,
> 무엇이든지 경건한 것과, 무엇이든지 옳은 것과,
> 무엇이든 순결한 것과, 무엇이든 사랑스러운 것과,
> 무엇이든지 명예로운 것과, 또 덕이 되고 칭찬할 만한 것이면,
> 이 모든 것을 생각하십시오."(빌 4:8, 표준새번역)

나는 나의 아내를 크리스털로 만든 꽃병으로 생각한다. 물론 아내를 생각하면 어린이 만화영화 속의 주인공인 '아톰'을 생각하게도 하고(이마가 좀 둥근 편이라), 곰 인형(내가 꼭 품어 줘야 하는), 핑크 빛 장미(결혼 전 내가 짝사랑하던 사람인지라), 소리 나는 바가지(설명이 필요 없을 듯) 등등도 생각나긴 하지만, '크리스털로 만든 꽃병'이라는 생각이 가장 큰 자리를 차지한다. 따라서 나는 결혼한 지 이제 9년이 지났지만 아직까지 한 번도 그녀에게 큰소리를 쳐보거나 화를 내본 적이 없다. 내가 그렇게 할 수 있던 이유는 나의 생각 깊숙한 곳에서 아내를 생각할 때마다, '겉으로는 단단해 보여도 아내

는 크리스털 같이 산산조각날 수도 있다'라는 창조적인 구상이 늘 자리잡고 있었기 때문이다(사실 모든 아내들이 다 그렇다). 따라서 내 아내는 내가 조심스럽게 다루어야 할 크리스털 같은 소중하고 귀한 여자임이 틀림없다.

'그분의 지금'이 나의 시간 속에서 시작되면서 우리의 생각은 달라지고, 또 더 달라져야 함을 경험할 수밖에 없는 것은, '그분의 지금'이 시작되는 순간, 나의 존재의 핵심인 하나님께서 우리 인생의 모든 영역에서 창조주가 되시기 때문이다. 그는 일곱 빛깔의 무지개를 창조하시고, 인간의 몸의 세밀한 조직들을 창조하셨으며, 광범위한 우주를 창조하신 그야말로 모든 창조들의 원조가 되시기도 하시지만 그의 손으로 창조된 나의 인생 속에서도 계속하여 새로운 창조를 하시는 분이시기도 하다.

그런 그분을 통하여 우리도 역시 그의 형상을 닮아 창조적인 구상을 할 수 있는 능력을 소유하게 된다. 우리가 처한 많은 상황들 속에서 우리는 이 창조적인 구상으로 말미암아 상상하지도 못했던 결과가 나타나는 경우가 자주 있음을 종종 체험하게 된다.

여기서 창조적 구상이란, 곧 나의 새로운 존재의 인식을 통해 상황을 바라보기 때문에 생기게 되는 놀라운, 그리고 때로는 유머(humor)스럽기까지 한 하나님이 허락하시는 지혜이다. 예를 들면 이런 것이다. 사도 바울은 자신이 가진 것과 내세울 만한 경험들이 교만과 자만을 낳을 것을 알고 있었다. 그래서 그는 이러한 것들을 '똥'으로 생각하기로 한다. 왠 똥? 거룩한 성인과는 전혀 안 어울리는 표현 아닌가? 그러나 이 얼마나 창조적인 구상인가? 그가 이러한 모든 것을 '똥'으로 여김으로 그는 결단코 교만한 자리에 앉지 않는다. 오히려 낮은 자리에서 섬기는 것이다. 똥처럼(?) 바닥에 납작하게 붙어서 자신을 낮출 수 있게 된 것이다. 이것은 그가 '그리스도가 주권' 된 삶을 시작하며 새로운 자신의 존재의식을 깨달았기에 가능할 수 있던 것이다. 즉 그가 부활하신 그리스도를 만나기 이전에는 결단코 생각할 수 없었던 구상이라는 말이다.

하나님의 유머

성경에서 보면 이러한 창조적인 구상의 예가 더 많이 소개된다. 대표적으로 유대인들의 잘못된 메시아상(정치적으르 권력 있는)을 깨기 위해 예수님은 말구유에서 태어나신다. 그리고 창녀와 세리와 같은 죄인들과 병든 자들을 벗으로 삼으셨다. 너무나도 크신 하나님의 아들 되신 예수님은 너무나도 작은 겨자씨로 이 세상에 오셨다. 그리고 이 작은 겨자씨에서 하나님의 창대한 계획이 이루어질 것을 말씀하셨다. 정말 인간이 상상할 수 없는 하나님만의 창조적인 방법이다. 따라서 마치 이 작은 겨자씨가 오늘날 지구의 역사를 바꾸고 있는 것처럼, 상황이 어떠하든지 하나님께서 허락하신 새로운 창조적 발단이 비록 처음에는 작아 보일지라도 곧이어 모든 것을 변화시키는 출발점이 된다는 것을 증거한다.

그중 또 하나의 예로, 하늘에 오르신 예수님께서는 성령님의 음성으로, 베드로의 오래된 고정관념을 부수기 위해 창조적인 방법으로 그에게 다가오셨다. 먼저 당시 베드로의 배경을 이해하는 것은 도움이 된다.

　　예수 그리스도의 십자가와 부활 사건으로 인하여 영생이 이스라엘 민족뿐 아니라 이방인(우리들)에게도 주어지는 기회가 열렸다. 그러나 태어나면서부터 유대교육과 율법 안에서 자란 베드로에게 있어서, 그에게 어떠한 행위나 음식이 부정한 것인지 너무나도 분명하게 하나의 타협할 수 없는 관념으로 머릿속에 자리잡고 있었다. 율법상 유대인은 이방인과 상종하면 안 되었고, 밥도 한 자리에서 먹어서는 안 되었다. 그런 그가 그의 마음 안에 이방인도 그리스도 안에서 한 핏줄로 연결된 한 가족임을 받아들여야 했다. 이방인들과 형제자매가 된다? 어디 베드로가 상상이나 해 보았겠는가? 그리고 정말 그가 그의 품 안에 이방인들을 안을 수 있을 것인가? 자신의 내면에 굳게 자리잡고 있는 고정관념을 깨는 작업은 결코 쉽지 않다는 것을 어느 정도 짐작할 수 있다.

　　그러나 하나님의 방법은 창조적이다. 그리고 그 창조성에는 변화의 능력이 있다. 이제 창조주 되시는 하나님께서 베드로의 오래 묵은 고정관념을 어떻게 깨부수는지 주목해 보자. 먼저 하나님께서는 베드로를 굶주리도록 인도하신 후, 그가 무척 시장할 때에 하나의 환상을 보여 주신다. 그 환상은 하늘에서부터 보자기 하나가 내려오는데, 그 안에는 "온갖 네 발 달린 짐승들과 기어다니는 것들과 공중의 새들이 골고루 들어 있었다." 순간 베드로는 그 보자기 안에서 꼼지락거리는 것 모두가 유대법상 부정한 것들임을 한눈에 알아차린다. 순간 얼굴을 찌푸린다. 그런데 바로 그때 성령님의 음성이 들린다.

　　"베드로야, 일어나서 잡아먹어라. 하나님께서 깨끗하게 하신 것을 속되다고 하지 말아라."

"아니, 이 짐승들을 잡아먹으라고요?'

"그래. 지금 다 어서 먹어라."

"정말 이거 다요?"

"그래, 그거 다 전부 어서 먹어라."

세 번 거듭 말씀하시는 하나님. 순간 베드로의 오랜 관념들이 산산조각이 난다. 베드로만이 아니다. 하나님은 우리 모두가 하늘에서 주시는 창조적인 구상을 통하여 오랫동안 고정된 생각들이 산산조각나기를 기다리신다. 그래야 나의 지금을 정복할 수 있게 되고, 우리의 삶의 관점이 '지금의 나'에서 '그분의 지금'의 삶으로 전환될 수 있기 때문이다. 그러므로 우리 역시 '그분의 지금'의 삶을 시작하면서 이러한 창조적인 구상들을 내 안에 새기면서 나의 생각과 나의 삶을 변화시키도록 해야 할 것이다.

이제 창조적 구상으로 우리의 모든 생각들을 옮겨간다는 목적을 가지고 위의 말씀을 다시 살펴보도록 하자.

"무엇이든지 참된 것과, 경건한 것과, 옳은 것과, 순결한 것과, 사랑스러운 것과, 명예로운 것과, 덕이 되고 칭찬할 만한 것이면, 이 모든 것을 생각하십시오."

우리가 여기서 한 가지 꼭 염두해 두어야 할 것은 이 말을 전하고 있는 바울 사도가 현재 처한 상황이 어떠한가 이다. 그는 컴컴하고 차가운, 그리고 고독하고, 아픔과 배고픔이 있는 로마 감옥에서 이 말씀을 쓰고 있다. 처지를 한번 바꿔 놓고, 당신이 만약 이러한 상황에 들어앉아서 편지를 쓴다고 가정해 보자.

그 글 속에는 분명 좌절, 고통, 외로움, 통곡 등 온갖 어두운 마음들이 묻어나는 것이 당연하다. 그러나 바울 사도는 달라도 한참 달랐다. 놀랍게도 그의 글속에는 사랑, 격려, 위로, 소망이 풍성하게 배어 있다. 이것이 가능한 이유는 그는 그가 현재 당면하고 있는 '지금'을 지배하고 있고, 또 정복했기 때문이다. 바로 그의 창조적인 깊은 생각이 그를 현재 처한 상황에 지배당하는 자리에서 오히려 그 상황을 지배하는 자리로 옮기게끔 한 것이다. 그렇다면 바울 사도는 구체적으로 어떠한 창조적 구상으로 '지금'을 정복하고 있는가?

이제부터 소개되는 바울의 일곱 개의 창조적 구상은 차디 찬 감옥바닥에서부터 감사, 위로와 격려라는 열매를 맺게 하는 나무로 자라게 한다. 이 일곱 개의 창조적 구상은 곧 첫째로 참된 것, 둘째로 경건한 것, 셋째로 옳은 것, 넷째로 순결한 것, 다섯째로 사랑스러운 것, 여섯째로 명예스러운 것, 일곱째로 덕이 되고 칭찬할 만한 것이다.

바울의 창조적 구상 #1 : '참된 것'을 생각하라

세상 사람들은 보통 그들의 삶 속에서 고통과 아픈 상황이 닥치면, 술을 마시며 자신의 생각을 흐리게 만들고 몽롱하게 만들어서 현 상황사태를 잊고자 한다. 그러나 바울 사도는 달랐다. 오히려 정신을 똑바로 차리고 더욱 집중하여 '참된 것'을 생각하라고 말씀하셨다.

그런데 무엇이 참된 것인가?

결혼 전 성관계를 갖는 것이 참된 것인가, 아니면 결혼 전까지 순결을 지키는 것이 참된 것인가? 뉴욕에서는 요즘 사람들이 결혼 전까지 순결을 유지하는 사람들을 'LOSERS'(실패자들)로 생각하는 경향이 있다. 능력과 경험이 없는 사람이라는 말이다. 본인들이 다 순결을 지키지 못하니까 하는 소리다. 결혼상대도 경험 있는 사람이 더 좋다고 그럴듯하게 말하지만, 사실 속으로는 그렇지 않다. 무엇이 참된 것인가? 당연히 하나님께서 결혼을 위해 성스럽게 하신 것을 지키는 것이 참된 것이다.

하나님 없이 사는 인생이 참된 인생인가? 아니면, 하나님이 주관하는 세상이 참된 세상인가? 우리는 다 죽을 인생들이 아닌가? 그 말은 육신이 흙이 되어 없어진다는 말이다. 즉 이렇게 눈에 보이는 것은 결코 참된 것이 될 수 없다는 말이다. 참된 것은 영원하다. 영원하기 때문에 참된 것이다. 그러므로 두말할 것 없이 영원하신 하나님께서 이 세상을 주관하신다.

바울 사도를 감옥에 몰아넣은 자들이 주장하는 것이 참인가? 그들의 주장은 무엇인가? 그들은 부활하신 예수 그리스도를 부정하며, 바울이 거짓된 증거로 사람들을 혼란하게 하며 소란을 피운다고 증거했다. 이들의 주장이 참인가, 아니면 바울이 증거하는 부활하신 예수 그리스도가 참인가? 당연히 부활하신 예수 그리스도가 참이다. 그러므로 분명 바울 사도는 차디찬 감옥에서 참 진리 되시고 참 생명 되신 부활하신 예수 그리스도를 생각했을 것이다. 그분께서 참이 되시기 때문이다.

참으로 그분을 영의 눈으로 바라보는 순간, 바울 사도는 자신이 처한 고통이 오히려 예수 그리스도의 사랑에 대해 보답하는 행위가 된다는 예수 그리스도의 음성을 듣게 되었다. 그리고 지금 있는 그 자리가 곧 하나님의 이름을 높이는 자리가 됨을 알게 되면서 순간 그의 고통이 감사로 변화되었다.

'나를 통하여 영광 받으시는 하나님….'

고통을 받으면서 '아, 감사합니다!' 하는 사람이 어디 있을까?

그러나 바울은 그렇게 할 수 있었다. 그는 그의 생각 속에서 창조의 역사를 경험할 수 있었기 때문이다. 고통과 아픔이라는 거침없는 사막 속에서 감사의 물줄기를 창조해 내는 것이다. 이것이 틀림없는 창조적 구상임을 알 수 있는 이유는, 창조만이 한 사건을 극한에서 다른 극한으로 변화시키는 결과를 낳을 수 있기 때문이다.

따라서 그의 '참된 것'에 대한 깊은 생각이 그로 하여금 그가 처한 고통을 오히려 감사제목으로 한순간에 변화하게 만든 것이다. 그리고 이를 경험한 그는 글을 읽는 우리에게도 지금 참된 것을 생각하라고 권면하신다. 당신은 지금 고통 받고 있는가? 당신은 지금 실패를 경험하고 차디찬 길바닥에 드러누워 있는가? 지금 당장 죽음을 이기시고, 참된 것이 되시며 참 생명이 되신 부활하신 예수님을 생각하라. 당신도 역시 새 창조의 역사를 경험할 수 있을 것이라 나는 확신한다.

바울의 창조적 구상 #2 : '경건한 것'을 생각하라

'경건한 것'을 생각하면 어떤 생각이 드는가? 아마도 산속에 들어앉아 풀만 먹으면서, 남자라면 여자 생각하지 않고, 여자라면 쇼핑이나 값비싼 귀중품들을 생각하지 않고, 세상과 멀리하며 자기를 길들이는 모습이 생각날 수도 있다.

이것이 진정한 경건(noble)인가? 성경은 세상이 추구하는 성공의 물결에 휩쓸려 흘러가듯 사는 삶이 아니라, 자신을 낮추어 고아와 과부를 섬기는 것이 참된 경건을 이루는 삶이라고 증거한다. 우리는 지금 좀 더 성공하기를 꿈꾸고, 좀 더 잘 살기를 원하고, 인정받기를 원할 수 있다. 그런데 우리가 알아야 할 것은 우리가 세상적으로 성공하고자 하는 바로 그 순간 우리는 이미 나의 상황과 이 세상에 지배당한다는 사실이다. 왜냐하면 우리 안에 있는 욕심은 우리를 있는 대로 휘젓고, 따라서 우리의 마음은 이로 인하여 조작될 것이기 때문이다. 이 욕심의 충족에 따라 우리는 기쁘기도 하고 슬프기도 할 것은 당연하다.

그런데 경건의 삶은 언제나 세상이 추구하는 성공과 반비례한다. 바울 사도는 이러한 경건한 것을 생각하라고 하신다. 성공을 바라보며 지금을 보내지 말고 자신을 낮추어 주위에 도움이 필요한 곳, 도움이 절실하게 필요한 사람을 생각하고 그들을 섬기라는 말이다. 그러한 곳에 시선을 맞추는 지금, 당신은 결코 이 세상의 문화의 유혹과 흐름에 의해 좌지우지하지 않을 것이며 반대로 이 세상을 넉넉히 이겨나갈 수 있다.

바울 사도 역시 "크도다, 경건의 비밀이여" 하며 그가 깨달은 경건의 비밀이 얼마나 크고 중요한지 그의 제자 디모데에게 보내는 두 번의 편지 속에서 무려 열 번이나 거듭 강조한다. 종교개혁을 주도했던 칼빈도 당시 그 시대의 부패한 카톨릭과 땅에 떨어진 복음의 능력을 향하여 거듭 외친 것이 바로 '경건의 회복'이었다. 그런 그가 성경을 토대로 정의한 경건의 의미는 곧 '하나님을 향한 경외'인데, 그 안에서는 하나님을 하나님 되심으로 인정하며 또 하나님을 아버지로 사랑하는 것이 함께 있다고 말한다. 그리고 이 하나님을 향한 사랑은 곧 고아와 과부와 같이 사회에서 외면당하고 고갈된 사람들을 섬기는 것으로 표현된다고 정의한다. 그러므로 이 경건은 세상이 말하는 성공과 반비례하며, 나로 하여금 세상에 의해 지배당하는 자리로부터 오히려 나를 보호하도록 방패막이 되어 준다.

바울의 창조적 구상 #3 : '옳은 것'을 생각하라

나에게는 흠잡을 점들이 많이 있지만, 그중에 하나는 길눈이 어두운 것이다. 길눈이 어두운 사람들에게는 한 가지 동일한 특징이 있는데, 예전에 몇 번 갔던 길인데도 불구하고 다시 가려 하면 그 길이 너무나도 생소하고 새롭게 느껴진다. 이런 나에게 좋은 소식이 찾아왔다. 바로 네비게이션의 등장이다. 더 이상 길을 못 찾는 일로 인하여 아내에게 바가지 긁히는 일은 없어졌으니까 말이다.

그런데 길을 찾아 나서다가 지그지그 꺾이는 길과 높은 산악을 넘고 어둠이 몰려들어도 분명한 지도를 가진 사람은 자신이 지금 길을 잃었다는 두려움에 결단코 사로잡혀 있지 않다. 험한 길이라 할지라도 그것이 지도에 나온 길이라면 그 길이 바로 '옳은' 길이기 때문이다.

이 세상에 옳은 것, 참된 진리가 무엇이 있겠는가? 완전하지 못한 당신의 말이 옳겠는가? 지식이 높고 경험이 많다고 그 사람의 말이 옳겠는가? 그러나 결국 모두 불완전한 인간일 뿐이다. 사도 바울은 차디찬 감옥에서 참된 진리를 생각하며, 하나님의 말씀을 생각한다. 그리고 그분의 말씀이 옳다고 믿는 믿음 안에서 '지금'이라는 순종의 삶을 살아간다. 그러므로 그는 당당하다. 억울하게 감옥에 갇혔다고 자기 신세를 한탄하며 지금의 시간을 허비하지 않는다. 그는 자신의 길이 하나님의 말씀의 지도에 맞추어 어긋남이 없음을 알기에 후회도 한탄도 필요하지 않다. 단지 당당함뿐이다. 하나님의 말씀은 항상 옳기 때문이다. 그러므로 나의 가는 길이 하나님의 말씀과 일치된다는 그 생각은 곧 나로 당당하게 '지금'을 지배할 수 있도록 한다.

바울의 창조적 구상 #4 : '순결한 것'을 생각하라

순결하다는 것은 곧 때묻지 않았다는 말이다. 나의 욕심이나 세상의 방식이나 세상이 추구하는 방향에 물들지 않았다는 말이다. 성령의 역사가 충만했던 초대교회의 성도들 중, 아나니아와 삽비라는 그들의 재산을 팔아 조금을 감추고 사도들의 발 앞에 내려놓았다. 자신의 욕심으로 때묻은 이러한 드려짐은 성령을 시험하는 결과를 초래했고, 결국 죽음을 당하는 무서운 심판이 주어졌다. 반대로 바나바가 자신의 모든 것을 팔아 가난한 자에게 필요대로 나누어 달라고 사도들 발 앞에 올린 재산은 순결하고 고귀한 것이었다. 그리고 이러한 그의 순결한 삶의 드려짐에는 능력이 있다. 바나바의 '순결한 드려짐'은 곧 많은 초대교회 성도들이 솔선수범하여 강요하지도 않았는데, 자신들의 소유를 나누고 베풀게 하는 능력으로 나타났다. 이처럼 내가 가진 것을 순결하게 하나님께 올리는 것에는 능력이 있다. 나의 젊음을 순결하게 주님 앞에 올리는 청년, 나의 재능을 순결하게 주님 앞에 올리는 사람, 이들을 하나님께서는 귀하게 여기시기 때문이다. 이렇듯 사도 바울은 지금 당신에게 순결함으로 주님 앞에 드리고자 하는 것을 생각하라는 것이다.

사도 바울은 지금 자신의 마음을 순결함으로 주님 앞에 드리고, 그 마음을 편지 속에 고스란히 담고 있다. 고통 속에서도 하나님의 사랑을 자랑하고, 그리스도의 제자 됨을 감사하는 그의 순결한 마음을 글로써 드리고 있다. 그런 그의 '지금'은 차디찬 바닥조차도 그의 마음까지 차갑게 만들 수는 없다. 하나님 앞에 드리는 순결을 통해 드러나는 능력은 그의 '지금'을 따뜻하게 만들기에 부족함이 없기 때문이다.

바울의 창조적 구상 #5 : '사랑스러운 것'을 생각하라

복음을 위해 함께 고난받고 매맞고, 얻어터지고…. 땅에 나둥그러져 떨어지면서도 서로를 바라보며, '그래도 복음을 위해!' 하며 고난 속에서도 미소를 나누며 꿋꿋이 함께 버텨 온 동지들이 있다. 이들이 다른 사람들보다 특별한 이유는 그리스도의 피를 나눈 형제들이기 때문이다. 바울 사도는 그의 형제 된 동역자들을 생각한다. 너무나도 사랑하고 목숨까지 나눌 수 있는 귀한 동지들이다.

성경에서는 바울 사도가 이들을 생각만 해도 가슴이 벅차고 눈물이 난다고 고백한다. 아무리 바울 사도라 할지라도 그가 인조인간이 아닌 이상 자신의 처한 상황에 왜 지치지 않겠는가? 그는 그럴 때마다 창조적인 깊은 생각을 하는데, 그중 하나가 바로 사랑스러운 것을 깊이 생각하는 것이고, 특별히 그는 사랑하는 그의 동역자들을 생각했다.

그리고 그 창조적인 생각 속에는 큰 위로가 있다. '지금'이라는 상황을 지배하고자 안간힘을 쓰다 지친 그에게 이 위로는 따뜻한 미소를 짓게 해 주었다. 겪고 있는 고난을 향하여 미소를 지을 수 있는 이 능력은 오로지 사랑스러운 동지들을 묵상하는 창조적인 생각 가운데 전달되는 특별한 선물이다.

바울의 창조적 구상 #6 : '명예로운 것'을 생각하라

그럼 이제 '명예로운 것'을 생각하라는 말이 무슨 뜻인지 생각해 보자. 다니엘이 포로로 잡혀 와 하루 한 끼조차 먹기도 힘든 생활 속에서 어느 날부터 특별하게 이방신에게 받쳐진 진수성찬을 먹을 수 있는 특권이 주어졌다. 다니엘은 분명 배가 많이 고팠을 것이다. 눈앞에 놓여 김을 모락 모락 내는 고깃덩어리가 분명 먹고 싶었을 것이다. 거지같이 밥을 굶어가며 포로생활을 하던 그와 그의 친구에게 이보다 더 큰 유혹은 있을 수 없었다. 그러나 다니엘은 뜻을 정하여 목숨을 걸고 이 유혹을 이겨 냈다.

이처럼 자주 '지금'이라는 상황은 세상의 감미로운 유혹으로 우리를 덮치려 한다. 그런데 다니엘은 이때 '명예로운 것'을 생각했다. 그가 깨달아 알고 있던 것은 바로 하나님의 뜻, 하나님의 표준, 그분께서 기뻐하시는 것, 이것에 바탕을 둔 선택이 명예롭다는 것이다. 그리고 그는 유혹을 뿌리치고 굳건히 그 자리, 하나님이 내가 서 있기를 원하시는 명예로운 자리를 지켰다. '유혹의 지금'을 이기고 정복하는 방법은 오직 이 명예로운 것을 생각할 때 주어지는 것이다.

바울의 창조적 구상 #7 : '덕이 되고 칭찬할 만한 것'을 생각하라

미국 최초의 흑인 대통령으로 당선된 오바마(Barack HusseinObama)가 선거에 당선된 당일, 소감을 발표하기 위해 그의 아내와 두 아이를 데리고 무대 위로 걸어 나왔다. 이 얼마나 흥분되고 참으로 멋진 순간인가! 미국 최고의 사령관으로 선출된 그가 바로 흑인이라는 사실. 이 말은 곧 아시아인에게도 대통령의 자리가 가능하다는 것을 말해 주는 아메리칸 드림의 실현 가능성을 넓혀 주는 거대한 사건이었다. 흥분되는 마음을 감추기 어려운, 평생에 한 번 볼까 하는 장면이었다.

그런데 그 다음날 뉴욕의 신문사들은 그날 오바마의 아내가 입고 있던 붉은 옷에 대해 말이 많았다. 너무 강한 느낌을 주었다는 것이다. 아니 지금 옷 입는 게 뭐가 중요하다는 말인가? 빨강색을 입던, 노란색을 입던, 왜 생트집을 잡냐는 말이다. 이처럼 우리는 주로 비뚤어진 곳을 먼저 보는 습관이 있고, 잘하는 것보다는 실수하는 것에 더 관심이 많다. 이게 바로 인간의 성향이다. 한 개인의 인격에 대하여 덕이 되는 것보다 흉이 되는 것을 더 많이 찾고, 칭찬하기보다는 흉보고 욕하는 데에 더 정성을 쏟는다.

이러한 성향을 가진 우리에게 바울은 '격이 되고 칭찬할 만한 것을 생각하라'고 말씀하시는데, 이 말은 다시 말하면, '무조건 긍정적으로 생각하라'는 말이다. 그리고 그의 삶은 이를 증명한다.

감옥에 갇혀 좌절 속에 사는 사람의 서신에는 분명 독이 있는 쌍스러운 욕과 세상에 대한 분노로 가득 찬 것이 정상일 텐데, 바울의 서신을 깊이 살펴보면, 그 안에는 격려와 사랑, 기쁨의 눈물과 그리움으로 가득 채워져 있다. 무엇이 이것을 가능하게 했는가? 그는 분명 그의 관점을 긍정으로 붙들어 매기 위하여, 덕이 되고 칭찬할 만한 것을 바라보고 생각함으로써 그의 '지금'에 이러한 참 변화를 가져온 것이 분명하다.

결과적으로 우리가 위에서 살펴본 것과 같이, 바울 사도가 강조하는 이 창조적인 일곱 가지 생각들 모두가 바로 긍정적인 관점을 표출하는 것이다.

"형제자매 여러분, 무엇이든지 참된 것과, 무엇이든지 경건한 것과, 무엇이든지 옳은 것과, 무엇이든 순결한 것과, 무엇이든 사랑스러운 것과, 무엇이든지 명예로운 것과, 또 덕이 되고 칭찬할 만한 것이면, 이 모든 것

을 생각하십시오."(빌 4:8, 표준새번역)

나만의 지금에서 '그분의 지금'으로의 변화는 이처럼 생각의 변화를 일으킬 수 있어야 한다. 현실 속에 처한 나는 창조적인 생각으로 가득 찬 '그분의 지금'(My Now)으로 다시 태어나는 것이다. 그런데 우리의 생각만 변하는 것이 아니다. 나의 마음도, 나의 삶도 변한다.

part. 4

청년의 방식

청년일 때 세워야 할 삶의 방식이 있다

나는 뛰어난 저서의 훌륭한 저자들이 쓴 글들을 보며 이들의 사상과 주장을 살피기 이전에 이들의 성향, 이들이 글을 전개하는 방식 등에 주목하는 경우가 많다. 아마도 그들의 생각하는 방식을 배우기를 소원하기 때문일 것이다. 내가 이 위인들의 주장을 배우게 되면 단지 그것뿐이지만 이들의 생각하는 방식을 배우면 나 역시 이들처럼 생각하며 더 많은 것을 나의 것으로 만들 수 있기 때문이다.

마찬가지로 그리스도 청년들은 예수님의 삶의 방식과 그분의 성향을 배우기를 소원해야 한다. 단지 내가 그리스도의 청년으로 해야 할 것, 또는 하지 말아야 할 것으로 나누어 목록을 만들어 그대로 따르는 것은 그다지 큰 변화를 가져다주지 못하기 때문이다. 그분의 삶의 방식을 배움으로써 그분의 삶을 우리의 삶을 통해 드러내기를 바라는 소원을 궁극적으로 가져야 한다.

새벽 4시에 일어났다. 짧게 기도를 하고 런닝머신으로 향하였다. 주택단지 내에 이런 시설이 있어 추운 바람 속에서 뛰지 않아도 된다. 30분을 열심히 뛴다. 뛰면서 성경말씀을 묵상한다. 본문 한 구절을 읽고 막 뛴다. 뛰면서 기도한다.

'주님 이 본문에 담겨 있는 주님의 깊은 지혜를 발견하게 하소서.'

그리고는 주실 때까지 뛴다. 영적인 만나가 나를 채워 주실 때까지 뛰는 것이다. 숨이 가빠지고, 몸에는 땀이 흐른다. 도저히 더는 못 뛰겠다 싶어지면 내 마음은 더욱 간절해진다.

'주님 제발…. 헉헉!'

그제서야 주님은 내게 본문에 대한 깊은 영적인 지혜와 통찰력을 주신다. 그리고 이때가 바로 속력을 늦추고 걸어갈 수 있는 시간이 된다.

'겨우 살았네….'

속도를 늦춘 채 앞에다 놓았던 펜과 노트를 들고서 걸어가며 주님이 주신 영감을 흘러가는 글씨체로 적어 둔다.

'감사합니다.'

그리고는 다시 그 다음 본문을 읽기 시작한다. 그리고 다시 뛴다.

'주님 이 다음 본문은요?'

답해 주실 때까지 또 뛰는 것이다. 바로 이것이 영적 조율이다. 그분과 호흡을 맞추는 것이다.

먼저 갈 수 없다. 때로는 숨이 가빠지도록 힘든 시간이 눈앞에 있더라도 그분을 기다려야만 한다. 그래야 그분의 호흡이 나의 호흡이 되고,

그분의 방식이 나의 방식이 될 수 있기 때문이다. J. 오스왈드 샌더스(J. Oswald Sanders)도 동일한 고백을 한다.

나에게 입김을 내뿜으소서.
하나님의 호흡을 새롭게 내 삶에 채워 주소서.
당신께서 진실로 사랑하는 것을 나도 사랑하게 하소서.
그리고 당신께서 하시고자 하는 일을 하게 하소서.

1장

돌팔이 인생에서 롬팔이 인생으로

나는 참된 인생을 사는 사람을 '롬팔이 인생'이라 부르고 싶다.
'롬팔이 인생'이란 한 인생에 있어서 로마서 8장을
그 인생의 목적과 삶의 방향으로 굳건히 세워
그것에 맞추어 살아가는 인생을 말한다.

[돌:팔이]

1. 떠돌아다니며 지식이나 기술, 물건 따위를 팔며 사는 사람.

2. 제대로 된 자격이나 실력이 없이 전문적인 일을 하는 사람을 속되게 이르
   는 말.

[롬:팔이]

1. 떠돌아다니며 그리스도의 복음을 전하며 자신의 물건, 시간, 열정 따위를
   나누어 주는 사람

2. 로마서 8장을 삶의 목적과 삶의 방향으로 살아가는 그리스도의 제자를 이
   르는 말.

세상에는 두 종류의 인생이 있다. 하나는 '돌팔이 인생'이고, 다른 하나는 '롬팔이 인생'이다. '돌팔이 인생'은 그 단어가 의미하는 대로 헛된 것을 목적으로 삼고 그것을 향해 전력 질주하는 인생이다. 마치 돌팔이 의사가 잘 알지도 못하고 실력도 없으면서 열심을 내어 환자를 치료하는 모습과 같다.

'이렇게 하다 보면 어떻게 되겠지….'

돌팔이 의사는 본인이 다 아는 듯 열심히 치료해 보지만 환자의 고통은 더욱 심각해지고 결국 나중에는 그 상태가 처음보다 더 형편없는 모습이 된다.

이처럼 우리의 인생의 진상을 제대로 알지 못한 채 돌팔이 의사처럼 우리의 인생을 다 알고 있는 양 그렇게 살아갈 수 있다. 그러나 우리가 이미 알고 있듯, 한 번 지나가면 다시 반복될 수 없는 것이 우리의 인생살이이다. 그래서 우리는 우리에게 주어진 한 번의 인생 앞에서 신중을 더해야만 한다.

'돌팔이 의사'를 알아보는 방법에는 무엇이 있을까? 진짜 의사가 아픈 환자처럼 행사하고 그를 찾아가 보는 방법은 어떨까? 가서 진찰대에 누워서 돌팔이 의사가 하는 모든 진찰과정을 지켜본 후, "이건 아니잖아요" 하고 말해 주면 될 것이다. '돌팔이 목사'를 알아보는 방법도 비슷할지도 모른다. 진짜 목사가 새신자마냥 그리스도에 대해 아무것도 모르는 체하며 그 교회에 찾아가 보면 알 수 있을 것이다. 그의 선포되는 말씀과 그의 삶을 유심히 관찰해 보면 진짜인지 아닌지 발견되리라. 이 두 가지 예에서 공통점을 찾아본다면 진짜가 나타나면, 곧 돌팔이는 자연적으로 표면에 드러나게 되고 자신이 얼마나 돌팔이인지를 알게 된다는 사실이다. 진짜 앞에 드러나는 가짜의 모습, 이 얼마나 후회스럽고 부끄러운 일인가.

"빛이 폭로하면 모든 것이 드러나게 됩니다. 드러나는 것은 다 빛입니다. 그러므로 잠자는 사람아, 일어나라. 죽은 사람 가운데서 일어서라. 그리스도께서 너를 환히 비추어 주실 것이다 하는 말씀이 있습니다. 그러므로 여러분은 어떻게 살아가야 할지를 살피십시오. 지혜롭지 못한 사람처럼 살지 말고, 지혜로운 사람답게 살아야 합니다."(엡 5:13-15, 표준새번역)

'돌팔이 인생'을 알아보는 방법도 마찬가지이다. 참된 진리 되시고, 참된 인생을 주시는 예수 그리스도를 만나면 알 수 있다. 성경에 등장하는 바울 사도 역시 예수 그리스도를 만나기 전에는 '돌팔이 인생'을 살고 있었던 것이 분명하다. 바리새인 중에서도 바리새인이며, 왕의 후손인 베냐민 지파였으며, 히브리어와 헬라어를 구상하는 탁월한 지식인이었으며 로마시민권과 더불어 많은 추종자들을 거느리는 그의 인생을 어떻게 돌팔이 인생이라 할 수 있을지 의아해 할 수도 있겠다. 그러나 그 안에 부활하신 예수 그리스도가 들어간 순간, 바울 스스로가 자신의 이런 과거의 모습을 '배설물'이라 말하며, 참된 진리를 등지고 자기 멋에 취해서 살아온 인생을 돌팔이 인생으로 서신에서 평가하고 있다.

그런데 오늘날도 그와 비슷한 배경을 가진 돌팔이 인생들이 우리 주위에 수없이 많다. 자신이 가진 것과 학력, 집안을 배경삼아 떵떵거리며 살아가는 벤츠 탄 부르주아 인생들이다. 즉 돈과 명예를 인생의 목적으로 추구하는 인생들 말이다. 이들 중, 본인 스스로 그리스도인이라 하는 사람들은 더욱 심각하다. 이들은 분명 '돌팔이 그리스도인'이 분명하기 때문이다.

그런데 문제는 본인들 스스로는 '돌팔이'인지를 모른 채 살아간다는 사실이다. 그리스도가 그 안에 들어가야만 우리는 자신의 현 상태를 제대로 볼 수 있게 될 것이다. 그러면 우리는 곧 후회할 것임을 확신한다. 참된 그리스도를 만나 그를 주인 삼은 인생은 결단코 이렇게 살 수는 없는 노릇이기 때문이다.

나는 여기서 참된 인생을 사는 사람들을 '롬팔이 인생'이라 부르고 싶다. '롬팔이 인생'이란 한 인생에 있어서 로마서 8장을 그 인생의 목적과 삶의 방향으로 굳건히 세워 그것에 맞추어 살아가는 인생을 말한다. 참된 진리 되는 하나님의 말씀이 한 인생에 들어와 참된 의사가 되어 최고의 실력자 되신 그분이 직접 그 인생을 진단하고 치료해 주시는 인생이야말로 참된 인생살이라 말할 수 있다.

바울 사도의 로마서 8장에는 어려운 신학적인 내용들이 담겨 있다. 그 내용 속에는 보배롭고 진귀한 보물들이 듬뿍 담겨 있는데, 이 내용을 평범한 사람, 아니 어린아이까지도 읽고 느끼길 바라며 이 글을 쓰기 시작한다. 우리는 돌팔이 인생이 롬팔이 인생으로 변화하는 과정을 로마서 8장을 통하여 그리스도의 청년의 39가지 삶의 방식을 살펴볼 것이다.

그리스도의 청년들이여, 돌팔이 인생을 접고, 롬팔이의 인생으로 살아가기를 결심하라.

그리스도 청년의 39가지 삶의 방식

로마서 8장이 청년의 삶의 토대가 되어….

청년의 방식 #1 : 왕처럼 살라

"그러므로 이제 그리스도 예수 안에 있는 자에게는 결코 정죄함이 없나니."(롬 8:1)

하루는 노란 애벌레가 오랜 잠에서 깨어나 밝은 아침을 맞이하고 있었다. 잠을 많이 자서 그런지 몸이 좀 예전 같지 않아 이상했지만, 그는 엉금엉금 기어서 신선한 아침 이슬을 마시고 있었다. 하늘을 바라보니 노랑나비와 호랑나비가 높은 곳을 향해 춤을 추며 날고 있었다.

'아, 나도 저 나비들처럼 가고 싶은 곳을 마음껏 날아다닐 수 있다면 참 좋을 텐데….'

속으로 그렇게 생각하고는 다시 엉금엉금 기어서 집으로 향해 돌아가기 시작한다. 그는 곧 자신이 어떤 존재인지 알 수 있으리라. 자신의 등에 휘황찬란한 보랏빛 날개가 비록 지금은 젖어 있지만 곧 바람을 타고 조금씩 태양을 향해 활짝 펼쳐 날아오르기를 준비하고 있음을….

첫째, 그리스도 청년의 삶의 방식은 자신의 본질을 제대로 아는 것이다.

"예수 안에 있는 자에게는 결코 정죄함이 없나니"

그냥 없는 것이 아니라, 죄 사함을 얻었기 때문에 결코 없다는 말이다. 그러므로 더 이상 우리는 죄의 자식이 아니라 하나님의 자녀, 곧 왕의 후손이다. 예수 그리스도의 피로 하나님의 자녀 된 존재이다. 하나님은 어떤 분이신가? 전 우주를 통치하시는 만왕의 왕, 전능하신 하나님이시다. 그리고 우리는 '예수 안'에서 그분의 자녀가 되었다. 그러나 '왕의 권리를 행사하라'는 말이 아니다. '왕의 신분으로 살아가라'는 말이다.

"사람이 무엇이기에 주께서 그를 생각하시며 인자가 무엇이기에 주께서 그를 돌보시나이까."(시 8:4)

"그를 하나님보다 조금 못하게 하시고 영화와 존귀로 관을 씌우셨나이다."(시 8:5)

위의 다윗의 고백 가운데 '영화와 존귀로 관을 씌우셨다'는 말씀은 우리를 왕으로 임명하고 왕관을 씌워 주셨다는 말이다. 우리가 무엇이기에 하나님께서 이토록 보잘것없는 우리를 왕으로 세우시고 세상의 피조물들 잘 다스리라고 하시는지 알 수가 없다.

길거리로 거지 행색을 하고 나선 왕을 한번 상상해 보라. 배고프고 춥고 구걸을 해야 하는 상황이 될지라도 자신의 신분에 대한 내적 자부심으로 가득 차 있어서 결코 비굴하지 않다. 비록 그는 왕의 권리는 행사하지 않으나 다른 거지들과 분명 다른 모습으로 살아갈 것이 분명하다. 즉 자신의 본질이 어떠한지를 알고 살아가라는 말이다.

그렇다면 내가 가장 먼저 바뀌어야 하는 것은 무엇일까? 겉모습, 입고 있는 옷이 아니다. 바로 '당당함'이다. 이 세상을 향하여 당당함을 가지고 살아가야 한다. 그리스도의 청년은 풀이 죽어 있는 모습이나, 고독하고 이 세상을 모두 산 자처럼 살고 있으면 안 된다. 당당하게, 마치 이 세상을 다 가진 자처럼 그렇게 위풍당당한 모습을 갖추어야 한다.

시편 3편은 이제 노년에 이른 다윗이 아들 압살롬과 그에 동조한 일부 신하들이 반역하여 쫓기는 상황에서 조속한 구원을 급박하게 호소하는 내용이 주를 이루고 있다. 사무엘하 15장 30절을 보면 다윗이 얼마나 황급히 도망갔던지, "다윗이 감람산 길로 올라갈 때에 그의 머리를 그가 가리고 맨발로 울며" 도망갔다고 기록하고 있다. 다윗은 그때의 상황을, "천만 인이 나를 에워싸 진친다"고 표현했다. 자신을 대적하는 사람들이 얼마나 많은지, 그 숫자를 헤아릴 수 없이 많다고 거듭 강조한다.

"여호와여 나의 대적이 어찌 그리 많은지요 일어나 나를 치는 자가 많으니이다."(시 3:1)

그럼에도 불구하고 다윗은 "천만인이 나를 에워싸 진친다 하여도 나는 두려워하지 아니하리이다"(6절)라고 외친다. 그가 그런 승리를 확신할 수 있는 이유는 바로 다음 나오는 그의 고백에 있다.

"여호와여 주는 나의 방패시요 나의 영광이시요 나의 머리를 드시는 자이시니이다."(시 3:3)

바로 그 하나님, 다윗의 하나님께서 오늘 나를 그분의 자녀로 삼아 주셨다고 말씀하신다.

"그러므로 이제 그리스도 예수 안에 있는 자에게는 결코 정죄함이 없나니."

그러므로 청년이여, 이제 어깨를 좀 펴라. 그리고 왕의 신분을 회복하라. 이것이 로마서 8장 1절의 다른 표현이 된다.

청년의 방식 #2 : 왕이면, 이제 성령의 법을 따라 살라

"이는 그리스도 예수 안에 있는 생명의 성령의 법이 죄와 사망의 법에서 너를 해방하였음이라."(롬 8:2)

왕에게도 법도는 있는 법이다. 그리스도 안에서 하나님의 자녀 된 우리에게 주어진 생명의 성령의 법이 있다. 이 법은 나를 죄와 사망의 법에서 자유하게 해 주는 법이다. 일제의 침략으로 우리 민족은 강제적으로 그들의 법에 순종해야 했다. 그러다가 우리 나라는 해방되었고, 자유로운 독립국이 되었다. 이제는 일본제국의 법을 따르는 대신 대한민국의 법이 세워졌다. 우리가 기쁨으로 해방된 민족으로서 따라야 하는 새로운 법이 있다는 말이다.

이 본문은 이 법대로 살아야만 나의 옛 삶의 방식, 즉 죄의 권세 아래에서 굳어진 나의 삶의 방식으로부터 나를 지킬 수 있다고 선포하고 있다.

나는
그리스도의
청년이다

즉 우리가 대한민국의 법을 따라야만 허방된 민족으로 살 수 있고, 더 이상 일본의 법들로부터 억압되지 않고 으리를 지킬 수 있다는 말이다. 그러므로 이 새로운 성령의 법대로 살지 않으면 나는 늘 옛 과거의 방식으로 돌아가 죄의 노예가 될 수밖에 없다.

성령의 법은 어떤 법인가? 성경은 형용사로 '생명의'를 붙여 이 법을 형용하고 있다. '생명의 성령의 법.' 그렇다 이 법은 생명을 살리는 법이다. 여기서 생명은 영원성을 소유한 생명, 즉 '영생'을 의미한다. 생명을 살리는 법을 따라 살라는 말은 복음으로 죽어가는 영혼을 살리는 그것을 우리 인생 최고의 가이드로 삼고, 그것에 맞추어 살아가라는 말이다. 성령님은 우리가 예수 그리스도를 닮아가도록 도와주신다. 예수 그리스도는 '생명이요, 길이요.' 그러므로 그분에게 가까이 가는 것도 영원한 생명을 회복하고, 성화하도록 하는 것이고, 죽어가는 영혼을 바라보며 나의 인생의 목적을 영혼 구원에 맞추어 살아가는 그 방식, 그것이 청년 그리스도의 방식이요, 성령의 법을 따라 사는 모양이다.

따라서 생명의 성령의 법대로 살라는 말은 내가 지금 살아가면서 우선순위를 영혼 구원에 맞추어 모든 것을 재정비하는 것이 필요하다. 고3인 당신도 열심히 공부하다가도 예수 그리스도를 모르는 사람이 있으면 잠시 멈추고 그에게 복음을 전하는 것이고, 내가 직장에 가는 목적도 아직도 예수 그리스도를 모르는 상사 때문이어야 한다. 영원한 생명을 전하는 것이 제일 중요한 삶의 방식이 되는 것, 바로 그것이 생명의 성령의 법 가운데 사는 것이라 할 수 있다.

청년의 방식 #3 : '하나님은 하신다'라는 믿음을 가지고 살라

육신이 연약하여 할 수 없는 그것을 하나님께서는 하신다고 약속하신
다. 그것은 바로 율법에 대한 순종이다. 예전에는 할 수 없었으나 내 안에
계신 성령님을 통하여 하나님께서 하신다고 약속하신다.

우리의 육신이 하기 힘든 순종 중 가장 어려운 일이 무엇일까? 그것은
'사랑하기'이다. 영혼을 사랑하는 것. 사랑스러워서 사랑하는 것이야 뭐
가 어렵겠는가? 그러나 하나님의 기준은 그런 사랑의 기준을 훨씬 넘어서,
'네 원수를 사랑하라', '네 이웃을 네 몸과 같이 사랑하라'의 범위를 포함한
다. 이것은 쉽지 않다. 나의 딸을 강간하고 목숨을 앗아간 그 원수 같은 자
식을 내가 어찌 사랑할 수 있겠는가? 어림도 없다. 나는 차라리 그러한 사
랑을 포기하겠다. 그리고 그 인간을 죽도록 미워하는 편이 훨씬 낫다.

그런데 예수님께서는 십자가상에서 이 사랑을 실천하셨다.

"아버지여, 저들을 용서하여 주옵소서."

자신의 손목에 못을 박고 옆구리에 창을 찌르고, 머리에 가시 면류관과
얼굴에 침을 뱉은 이들을 향해 예수님께서는 그들을 위해 기도하셨다.

길가에 처음 만나는 사람도 사랑해야 하고, 나를 힘들게 한 사람도 사
랑해야 하고…. 어찌 내 육신의 노력으로 가능하기나 한 일인가? 그러나
하나님은 하신다. 그래서 우리는 포기하였으나 그분께서는 포기하지 않으

신다. 자신의 아들까지 버리시면서 하나님께서는 그 인생을 포기하지 않으셨기 때문이다. 그래서 우리도 계속해서 인내하며 기다려야 한다. 언제까지 기다려야 할까? 하나님이 일하시기 시작하실 때까지 기다려야 한다. 그래서 사랑은 오래 참음이다. 상대에 대하여 끝까지 참아 주고 인내해야 한다. 나를 아프게 하는 사람을 향해서도, 변화하지 않는 그를 향해서도 끊임없이 다가가는 것이다. 언제까지일까? 하나님이 일하시기 시작하실 때까지. "힘으로 되지 아니하며 능력으로 되지 아니하고 오직 나의 영으로"(슥 4:6) 되는 것이다.

청년의 방식 #4 : 육신의 방식을 따르지 말라

"육신을 따르지 않고 그 영을 따라 행하는 우리에게 율법의 요구가 이루어지게 하려 하심이니라."(롬 8:4)

육신이 원하는 것을 '적당히'가 아니라 심하게 오버해서 했을 경우, 어떤 현상이 일어나는지 아는가? 욕지기가 난다. 예를 들어 피자를 좋아한다고 열 조각을 혼자서 꾸역꾸역 먹는다고 상상해 보라. 분명 욕지기가 날 것이다. 돈이 좋다고 매일매일 돈 속에 파묻혀 살아간다고 상상해 보라. 나중에는 돈으로 인해 잃어버린 관계들과 가족, 그리고 외로움 속에 혼자 남은 자신을 발견하며 돈만 보면 욕지기가 날 것이다. 성욕도 마찬가지이다. 하나님이 보배롭고 아름답게 만든 것을 오히려 남용하고 그것의 욕구가 심해지면, 결국 그런 상황 속에 처한 자신을 보며 욕지기가 날 것이다.

욕지기는 결국 욕심에서 나오는 결과이기도 하다.

그러므로 육신이 원하는 것을 정리하면 '욕'이다. 어떤 '욕'인가, 금전욕, 성욕, 정욕, 식욕, 탐욕. 우리의 육신은 이러한 것들을 요구하고는 우리의 인생을 좌지우지한다. 그런데 로마서에서 바울 사도가 말씀하는 이 '육신을 따르는 것'은 좀 더 구체적으로 육신의 노력으로 하나님의 율법을 순종함으로 의를 얻고자 하는 방법을 말씀하셨다. 그리고 이 '의'를 얻음의 결과는 곧 구원이다. 여기서 우리는 바울 사도의 배경을 한번 생각해 봐야한다. 그는 바리새인 중의 바리새인, 율법자요, 학자로서 율법을 연구하고 실천하는 것을 평생토록 교육받고 살아가고 있던 사람이었다. 그는 누구보다도 자신의 육신을 훈련시키는 것에 익숙했던 사람이었음을 의심치 않는다. 그런 그가 더 이상 육신을 따르지 않는다고 선포한다. 다시 말해 그는 더 이상 구원을 얻기 위해, 율법을 지키기 위해 자신의 육신을 훈련시키는 방법을 택하지 않기로 한다. 왜일까? 그가 예수 그리스도를 만난 후 더 이상 육신의 노력으로는 결단코 구원을 얻을 수 없다는 것을 깨달았기 때문이다.

이 말씀을 다시 쉬운 말로 정리하면, 우리의 실력과 재능으로 우리의 인생을 디자인하지 말라는 말이다. 또한 '육신을 따르지 말라'는 말은 내 방식대로 내 인생을 살아가지 말라는 말이다. 하나님께 의지하여 그분께서 그려 주시는 디자인에 내 인생을 맞추어 살라는 말이다. 바울 사도가 부활하신 예수 그리스도를 만난 후 그렇게 하셨듯이 말이다. 그는 그가 추구하던 모든 방법과 목적을 다 내려놓았다. 그리고 하나님이 그를 위해 준비하신 그 모양대로 살기로 결단했다. 육신을 따라 살면 결국 자기 의로 그 인생을 마감하게 된다. 성공을 따라 살지 말라. 육신의 평안을 따라 살지 말라. 결국 훗날 욕지기가 날 것이다. 그리고 후회하게 될 것이다.

청년의 방식 #5 : '긍정의 힘'이 아닌, '영의 생각의 힘'

"육신을 따르는 자는 육신의 일을, 영을 따르는 자는 영의 일을 생각하나니."(롬 8:5)

청년의 방식 다섯 번째는 생각하는 방식에 관해서이다. 『긍정의 힘』의 저자는 긍정적 사고의 목적이 결국에서는 육신이 바라는 것들에 충족함을 얻는 것이라고 서술하였기 때문에 성경에서 벗어났다. 그는 우리가 긍정적으로 내가 처한 상황을 바라보며 긍정적으로 생각했을 때, 비로소 하나님께서는 나에게 많은 재물을 주시고, 직장에서는 승진되고, 세상적으로 성공할 수 있다고 주장했다. 확실히 빗겨 간 생각이다. 그리고 실제로 기독교와 일맥상통하지 않은 접근이다. 많은 기독교인들의 생각을 갈팡질팡하도록 흐트러뜨렸다. 그러므로 성경적인 바른 사고는 '긍정적 사고'보다 우리에게는 '영의 일을 생각하는 것'이라 해야 옳은 것이다. 그리고 그것이 오늘날 그리스도 청년들에게 절실히 요구된다.

영의 일을 생각하면 영이 되시는 하나님의 영적인 축복을 보게 된다. 그리고 가진 것이 없어도 "주 여호와는 나의 목자이시니 내게 부족함이 없으리로다"라는 고백을 하게 된다. 모든 것을 잃어버린 욥도 영 되신 하나님을 대면한 후 모든 것이 해결되었다. 선지자 하박국도 불만을 토해 내다가 하나님을 대면한 후, 눈에 보이는 축복이 없이도 충분한 인생이 되었다. 『긍정의 힘』의 저자는 긍정적 사고의 결과로 눈에 보이는 출세를 약속했다. 그러나 '영의 생각의 힘'의 저자인 바울은 오늘 당신에게 눈에 보이는 것 없이도 충분한 인생을 약속했다.

당신은 긍정적인 사고방식을 가지고 돈과 명예와 세상적인 성공을 얻기를 소원하는가? 문제는 그러다가 그러한 환경적인 요소가 없어지면 당신은 금방 허탈해 하며 불행함을 경험하게 될 것이다. 그것이 아니라면, 당신은 영적인 일을 생각하므로 '외양간에 송아지가 없어도' 충분한 삶을 경험하기를 소원하는가? 긍정적인 사고에서 영의 일을 생각하는 사고로 변화하라. 긍정의 힘이 아니다. 영의 힘이다. 그러면 세상이 알지 못하는 생명과 평안을 경험할 것이다. 지금부터 '영의 생각의 힘'이 어떠한가를 더욱 깊이 살펴보자.

청년의 방식 #6 : 오늘 만족하라.
- 영의 생각의 힘, 곧 생명과 평안을 경험하라

"육신의 생각은 사망이요 영의 생각은 생명과 평안이니라."(롬 8:6)

"그리스도의 평강이 너희 마음을 주장하게 하라 너희는 평강을 위하여 한 몸으로 부르심을 받았나니 너희는 또한 감사하는 자가 되라."(골 3:15)

바울 사도는 그의 서신에서 이렇게 가르치신다. 그렇다. 영의 생각의 힘의 원천은 바로 그리스도의 평강에 있다. 그리고 그 평강으로 우리 마음을 주장하게 하라고 골로새에 보내는 서신에 부연 설명을 하고 있다. 그리고 이제 로마서에서는 육신의 생각은 사망이요, 영의 생각은 생명과 평안이라고 말씀하신다.

육신의 생각은 편한 것, 잘사는 것, 성공하는 것, 자기 욕망을 충족시키는 일에 온 열정을 쏟는 생각이다. 결국에는 무덤에 들어가 썩게 될 자신의 육신의 안락과 쾌락을 위해 전력 질주한 꼴이 되는 것이다. 정리하면 육신은 곧 썩게 될 것인데, 그 썩는 것을 위해 한 인생을 허비한 것이다. 그래서 육신의 생각은 '사망'이라고 말씀하신다.

그렇다면 이제 영의 생각은 구체적으로 어떤 것일까? 영의 생각은 영 되신 하나님의 마음 중심에 집중하는 생각이다. 그리고 하나님의 마음은 늘 영원한 곳에 관심을 가지신다. 이 세상에 영원한 것은 단 세 가지, 영혼, 그리스도의 사랑 그리고 말씀이다. 죽어가는 영혼에게 복음을 전하고, 소외된 자와 고아 된 자, 과부들을 품에 안고 시간과 사랑을 쏟아붓는 생각, 이 생각을 생명의 근원되신 그분이 우리의 인생에 들어오신 후, 품게 되는 것이다. 이 영의 생각은 더 이상 자기 자신을 위해 빛을 발하지 않는다. 대신 그분의 빛이 영의 생각을 하는 내 안에서 시작하여 나의 삶 전체에 발하게 된다. 그러면 이 영의 생각은 참 생명과 세상이 알지 못하는 평안(peace)을 우리 인생에게 선사한다. 그때가 되면 더 이상 내가 가진 것에 관심이 없어진다. 내 주위 사람의 안위를 더 걱정하게 된다. 그리고 나의 관심은 온통 영혼, 죽어가는 영혼, 그리고 말씀에 있다. 그래서 외양간에 송아지가 없어도 충분하다는 말이다. 그것이 더 이상 내 삶의 관심사가 될 수 없다.

존 화이트 박사(John White)는 이 '평안'을 다음과 같이 서술한다.

그것은 고대 경기장에서 굶주린 사자들과 맞부딪쳤던 로마 그리스도인의 눈 속에 나타났던 평안이다. 그리고 많은 그리스도인들이 투옥당하고 고문받으며 신변이 위협을 받을 때에도 그들 마음속에서 발견할 수 있는 그런 평안이다. 그것은 모든 것을 책임지시는 하나님을 깨닫는 데서 오는 평안이다.

그래서 생명과 평안은 특별하다. 이것이 내 마음을 충분하게 만들어 주기 때문이다. 돈도 늘 부족하다. 이 세상의 모든 것이 늘 내 마음에 '부족함'을 느끼게 한다. 내가 아는 한 분은 늘 다른 사람과 자신을 비교한다. 그리고 결론짓기로 자기만 잘 못산다는 것이다. 늘 마음이 부족하고 불안하다. 바로 이분은 육의 생각밖에 하지 못하기 때문이다.

"주께서 내 마음에 두신 기쁨은 그들의 곡식과 새 포도주가 풍성할 때보다 더하니이다."(시 4:7)

시편 4편에서 고백한 다윗의 마음이다. 그 마음에는 환경에 의지되지 않은 특별한 기쁨이 있다. 그 기쁨이 있기에 다윗은 압살롬의 쫓김 속에서도 편안히 잘 수 있었다고 이 시편의 끝에 고백한다. 그리스도의 청년들이여, 이 생명과 평안으로 충분하라. 오늘 충분하라. 오늘 만족하라.

청년의 방식 #7 : 하나님과 원수 되지 마라

"육신의 생각은 하나님과 원수가 되나니 이는 하나님의 법에 굴복하지 아니할 뿐 아니라 할 수도 없음이라."(롬 8:7)

나와 다른 사람과의 관계에서 서로가 원수가 되지 않으려면, 상대방이 가장 원하지 않는 일이 무엇인지 내가 알아야 하고 그 자리에 가지 않으려고 각별히 신경을 써야 한다. 마찬가지로 하나님과 원수가 되지 않으려면 '육신의 생각'을 피해야 한다. 그리스도의 청년들에게 가장 큰 육신의 생각, 하나님과 원수가 되게 하는 생각은 무엇일까?

내 아내와 결혼한 지가 어느덧 10년이 되어 간다. 아직까지 한 번도 아내에게 화를 내본 일이 없다. 언성을 높인 적도 없다. 그만큼 내 아내를 크리스털처럼, 조심스럽고 사랑스럽게 여기는 마음은 오늘도 변함이 없다. 그런 나와 아내의 관계이지만 하루 아침에 원수가 될 수 있다. 어떻게? 내 아내가 나 아닌 다른 남자를 사랑하는 것이다. 마찬가지로 하나님의 원수가 되게 하는 많은 육신의 생각 중 가장 뛰어난 생각은 바로 '우상 숭배'이다. 내가 내 인생의 주인이라는 생각이다. 하나님이 계셔야 할 자리에 내가 앉는 것이다.

"내 백성이 두 가지 악을 행하였나니 곧 그들이 생수의 근원되는 나를 버린 것과 스스로 웅덩이를 판 것인데 그것은 그 물을 가두지 못할 터진 웅덩이들이니라."(렘 2:13)

오늘 내가 숨 쉴 수 있는 것도…

내가 감사할 수 있는 이유도…

다시 일어날 수 있는 이유도…

바로 하나님이 내 인생의 주인 되시기 때문이다. 이 사실을 기억하고 하나님과 원수 되지 마라.

청년의 방식 #8 : 하나님의 기쁨이가 되라

"육신에 있는 자들은 하나님을 기쁘시게 할 수 없느니라."(롬 8:8)

원수가 되지 말아야 하지만, 더 나아가 우리는 하나님의 기쁨이 되어야 한다. 원수가 아니라고 다 하나님의 기쁨이 되는 것은 아니다. '나 주님의 기쁨 되기 원하네'라는 찬양처럼 우리 안에 그러한 소원이 있다면 하나님께 정말 기쁨이 되는 길을 이 시간 가만히 여쭙는다.

하나님께서는 내게 바로 말씀하신다.

"일단 육신에 있는 자들은 안 된다."

즉 아직도 자기 배를 채우기 위해 인생을 살아가는 자들은 안 된다는 말이다. 성공과 자기 계발에 인생을 온통 쏟는 당신은 안 된다. 벤츠나 유명브랜드 가방을 자랑하듯 겉치레하는 당신도 안 된다. 인터넷을 통해 자신의 성적 욕구를 채우는 당신도 안 된다. 좀 더 오래 살고자 이런저런 약을 찾아 먹는 당신도 하나님의 기쁨이 되기 힘들다. 초콜릿 근육에 모든 시간과 헌신을 쏟는 당신은 비록 당신의 여자 친구에게 기쁨이 되고 자기 자신에게 기쁨이 될지언정, 결단코 하나님의 기쁨이 될 수 없다.

믿는 사람들 가운데에서도 이러한 육신에 속한 사람을 많이 발견한다. 바울 사도는 고린도교회에 말씀하셨다.

"형제들아 내가 신령한 자들을 대함과 같이 너희에게 말할 수 없어서 육신에 속한 자 곧 그리스도 안에서 어린아이들을 대함과 같이 하노라." (고전 3:1)

유아기가 너무 오래 지속된 상태라는 말이다. 아기가 처음에는 부모의 기쁨이었다가, 1년, 2년, 3년이 되어도 자라지 않고 그 상태에서 그대로 머문다면 이 아이는 더 이상 부모의 기쁨이 아니라 걱정과 근심거리가 된다. 육신에 속한 그리스도인들이 바로 이런 모습이다.

그럼 누가 기쁨이 되는가? 바로 '영에 속한 사람'이다. 그리스도의 영이 당신의 속에서 당신을 주장하는 사람이다. 당신의 개인적인 욕망이 내려지고 그 자리에서 그리스도의 소원이 당신의 열정으로 다시 피어오르는 당신은 '하나님의 기쁨'이 될 수 있다.

청년의 방식 #9 : '그리스도의 사람'이라는 분명한 정체성을 소유하라

"만일 너희 속에 하나님의 영이 거하시면 너희가 육신에 있지 아니하고 영에 있나니 누구든지 그리스도의 영이 없으면 그리스도의 사람이 아니라." (롬 8:9)

누군가 '당신은 누구십니까?'라고 묻는다면 이것이 바로 첫 번째 대답이다. '난 다애 아빠인데, 치과의사인데, 가장인데'라는 답변에 앞서 나는 '그리스도의 사람'이다. 바울 사도도 자신을 '그리스도의 종 된 나 바울'이라는 표현으로 그의 서신마다 자신의 첫 정체성을 그렇게 정의하고 있다.

나의 정체성 중 첫 번째가 무엇이 되는가는 중요한 이슈이다. 그것이 나를 만들어 가기 때문이다. 그래, 나는 그리스도의 사람이다. 그런데 진정한 그 의미가 무엇일까? 그리스도의 영이 내 안에 사는 사람이라는 말인데, 즉 내 안에 십자가의 고통을 감당하시고 부활하신 전 우주의 창조주 되신 예수 그리스도의 영이 내 안에 계신다는 말이다. 당신은 그분의 존재를 느끼는가?

그리스도는 하나님 사랑의 정점이다. 당신은 하나님 아버지의 크나큰 사랑을 느끼는가? 못 견디게 뜨거운 그 사랑이 가슴 안에서 솟구치는가. 만약 아니라면, 감히 어디서 '그리스도의 사람'이라는 명함을 내밀지 말라.

청년의 방식 #10 : 중요한 것은 그리스도가 내 안에 계신 것이다

"또 그리스도께서 너희 안에 계시면 몸은 죄로 말미암아 죽은 것이나 영은 의로 말미암아 살아 있는 것이니라."(롬 8:10)

앤드류 머레이는 말한다.

"주님, 당신의 영으로 저를 충만하게 채워 주십시오. 이 빈 그릇을 당신께 바칩니다"라는 한 가지 생각으로 하나님 앞에 나아가 그분의 발 아래 엎드리십시오…. 그럴 때 당신은 "저는 하나님의 약속을 이루어 주실 것을 믿습니다.

주님, 제가 육신에 속한 상태에서 벗어나 신령한 그리스도인이 될 수 있도록
성령님으로 충만하게 채워 주십시오"라고 간구할 권리를 얻게 될 것입니다.

내 안에 그리스도가 사신다는 진정한 의미는 무엇일까? 마치 무당이 그
안에 귀신을 모시는 것 같은 의미가 있는 것일까? 내 안에 다른 영이 있다
는 생각이 어쩌면 좀 께름칙할 수도 있다. 하나님께서 인간 예수로 오셔서
십자가에 달리시고, 십자가의 예수님께서 부활하셔서 하늘에 오르시고 그
영이 다시 성령님으로 우리 안에 거하신다.

어떤 사람은 마치 그 안에 다른 영이 있어 매일 대화한다고 한다. 아침
에는 "Good Morning, 성령님!" 하고 인사하고 좋은 날씨를 보며, "감사해
요, 성령님. 좋은 날씨네요"라고 말하며 매시, 매순간 대화한다고 한다. 그
런데 신약성경에 보면, 바울 사도가 성령님과 이런 식의 대화를 하기보다
는 기도를 통해 하나님과 씨름하는 모습만 나와 있다. 실라와 감옥에 갇혔
을 때도, 사도 바울이 성령님과 대화하는 모습은 없는 듯하다. 그는 대신
하나님을 옥중에서도 찬양한다. 그때 큰 기적이 일어났다.

사도 바울은 이러한 성령님과의 대화('Good Moring, 성령님')보다, 간혹 중
요한 때에 심중에 말씀하시는 성령님을 경험했다. 그분께서 경험하신 성
령님은 단순히 아침에 인사하는 분이 아니다. 그분께서 경험하신 성령님
은 한 개인을 복음을 전하는 증거자로 서우셨다. 말씀을 듣는 귀와 이해할
수 있는 능력, 그리고 말씀을 전달하는 전달자에게 열정과 영혼을 사랑하
는 마음을 넣어 주시는 것도 성령님이시다. 단지 "자장면 먹을까요, 짬뽕

먹을까요” 하며 대화하는 대상이 아니라는 말이다.

그분께서 지금 내 안에서 나를 새롭게 하신다.

청년의 방식 #11 : 평범한 죽음을 두려워하라

“예수를 죽은 자 가운데서 살리신 이의 영이 너희 안에 거하시면 그리스도
예수를 죽은 자 가운데서 살리신 이가 너희 안에 거하시는 그의 영으로 말
미암아 너희 죽을 몸도 살리시리라.”(롬 8:11)

“사람이 죽은 다음의 세상은 어떻습니까?”라는 어떤 제자의 질문에 공
자는 “살아생전도 모르는데, 죽은 다음의 세상을 어떻게 알겠느냐?”고 대
답했다. 같은 질문에 예수님의 답변은 전혀 달랐다.

“너희 죽을 몸도 살리시리라!”

‘죽을 몸도 살리시는 하나님.’ 그래서 그리스도의 청년은 좀 더 인생을
모험적으로 살 필요가 있다. 이 세상에서 다니엘의 신앙이 특별한 이유가
바로 여기에 있다. 그는 불 속으로 들어가면서, ‘그리 아니하실지라도’의
신앙을 보여 준 장본인이다. 이처럼 부활의 소망을 명확하게 마음속에 새
기고 사는 그리스도인일수록 더 무서운 사람들이다. 왜냐하면 그들에게
는 무서울 것이 없기 때문이다. 죽는 것도 사는 것이고, 사는 것도 사는 것
이니 이 세상에 무서울 것이 뭐가 있겠는가? 따라서 그리스도인들 중에서
도 두 부류가 존재한다. 한 부류는 부활 소망의 확신 속에서 분명한 그림
을 가지고 사는 부류이다. 또 다른 부류는 단지 예수 그리스도의 십자가로

인해 개인에게 구원이 임했다는 사실에 만족하며 사는 부류이다. 이 두 부류의 삶의 모양은 결코 비슷할 수 없다. 이 둘이 결코 근접할 수 없는 이유는, 한 부류는 불 속에라도 복음을 들고 뛰어들 수 있는 삶을 살고 있고, 다른 한 부류는 세상과 어느 정도 타협하며 적당히 살고 있기 때문이다.

'젊은이들이여, 평범한 죽음을 두려워하라'고 슬로건을 외치는 목회자님을 알고 있다. 나 역시 그분의 열정과 도전을 기억한다. 당신은 어떠한 죽음을 맞이하기를 꿈꾸는가? 병을 앓그 시름시름 병원에서 죽는 것을 생각하는가? 아니면 성경에 나오는 믿음의 선배들의 모습을 꿈꾸는가? 신약 대부분의 믿음의 선배들은 순교했다. 적어도 사도 요한을 제외하고는 말이다. 바울, 베드로, 야고보, 스데반 등 모두가 복음을 전하려다가 순교했다. 이러한 결과와 더불어 또 한 가지 공통된 점이 있는데, 순교를 했든 그렇지 않든 모두 죽음을 두려워하지 않았다는 점이다. 16세기 '청교도 신앙의 참 목자'라 불리는 리처드 백스터(Richard Baxter)의 고백을 들어보자.

주님, 주님께서는 제가 온전히 주의 것이며, 주님과 함께 거하기를 간절히 고대하고 있다는 것을 아십니다. 조용히 죽음을 받아들이며 제 온 영혼으로 주님을 신뢰하게 하소서.

죽음을 두려워하지 않을 수 있었던 믿음의 대선배들만큼 우리도 역시 죽음을 두려워하지 않으면 좋으련만, 그게 그리 쉽지만은 않다. 죽음 앞에 왜 이리 생각해야 할 것이 많은지. 내 가족은 누가 먹여 살리며, 내 딸들은 나 없으면 어떡하지, 내 아내는 혼자 힙들 텐데, 내 환자들은 누가 치료하지? 하지만 청년들이여, 당신이 최소한 복음을 들고 사는 인생이라면 그래도 최소한 평범한 죽음만은 두려워하라. 시시하게 죽는 인생이 되도록 만들지 마라.

청년의 방식 #12 : 빚진 자의 마음으로 살라

"그러므로 형제들아 우리가 빚진 자로되 육신에게 져서 육신대로 살 것이 아니니라."(롬 8:12)

빚쟁이는 육신에게 져서 육신대로 살 수 없다? 이게 무슨 의미인가? 하나씩 생각해 보면 이렇다. 나는 예수 그리스도에게 빚진 자이다. 내가 진 빚은 돈이 아니라 생명이다. 새로운 생명, 영원한 생명, 그분이 나를 위해 죽으셨기에 가능해진 선물, 곧 은혜이다. 새 생명을 받은 내가 육신에게 져서 육신대로 살 수 없다는 말이다.

심장을 이식 받은 젊은 청년이 있다. 그는 젊은 혈기에 오토바이를 타고 고속도로를 속도위반하며 마구 달리다가 사고가 나서 거의 사망판정을 받은 사람이었다. 그런 그에게 심장을 이식해 주겠다는 뇌졸중 환자가 있었다. 새 생명을 얻게 된 이 청년, 과연 그의 두 번째 삶은 어떠해야 할까? 분명한 사실은 결단코 다시는 오토바이를 타고 고속도로에서 속도위반을 하지는 말아야 할 것이다.

육신의 죄로 생명을 잃었던 당신과 나다. 그런 내가 예수 그리스도를 통해 기적적으로 새 생명을 얻는 은혜를 맛보았다. 그런 내가 다시 육신에게 져서 육신대로 죄 가운데 살 수는 없고, 결코 그래서도 안 된다. 청년들이여, 이제 술, 담배에게 지지 말라. 인터넷의 음란 사이트에 끌려 다니지 마라. 유명브랜드를 쫓는 삶을 버리라. 당신은 그렇게 해서는 안 되는 '빚진 자'이다.

청년의 방식 #13 : 피 터지는 싸움, 몸의 행실을 죽이라

"너희가 육신대로 살면 반드시 죽을 것이로되 영으로써 몸의 행실을 죽이면 살리니."(롬 8:13)

'죽인다'라는 표현은 좀 강하다. '없어라'라는 단어를 사용해도 되지 않았을까? '몸의 행실을 죽이라….'

없애 버려. 죽여 버려. 둘 다 강한 표현이기는 마찬가지이다. 그런데 우리가 흔히 보는 액션영화를 보면 상대가 강하고, 그런 강한 자와 하나가 죽기까지 싸우다 보면 상대는 죽더라도 주인공 역시 온몸이 피투성이가 된다. 죽도록 피 터지게 싸우는 것이 이런 것이다.

본문은 '몸의 행실을 죽이라'고 말씀하신다. 그러기 위해 피 터지게 싸우라는 말이다. 그런데 우리에게 좋은 무기가 하나 있다. 그것이 바로 '성령님'이시다. '영으로써 몸의 행실을 죽이면 살리니' 성령님 없이는 피 터지게 싸우다가 내가 죽는다. 즉 결국 육신대로 살다가 '반드시' 죽게 된다는 말이다.

청년의 방식 #14 : 영으로 인도함을 받으라

"무릇 하나님의 영으로 인도함을 받는 사람은 곧 하나님의 아들이라."(롬 8:14)

여기서 눈여겨볼 부분은 바로 '인도함을 받으라'는 부분이다. 우리의 삶이 얼마나 정신없이 바쁜가? 적어도 오늘 하루만 놓고 볼 때, 너무 바쁜 나머지 딸아이와 보내는 시간은 고작 아침에 30분, 그리고 저녁에 한 시간이다. 어제는 그런 나의 삶이 애처롭고, 딸아이에게 미안해서 딸이 자고 있는 침대에 몰래 들어가 6살 된 딸의 손을 꼭 잡고 그녀의 볼에 내 볼을 바짝 붙이고 있다가 잠이 들었다.

분명히 난 시간에 쫓겨서 삶을 살아가고 있고, 분주한 스케줄에 이끌려 받아 하루하루 살아가고 있다. 그러다가 어느 순간에 늙어 버린 자신의 모습을 보며, 내가 여태껏 무엇 때문에 열심히 뛰며 살아왔는가 하고 한탄한다. 그래서 성령님의 인도하심을 잊고 사는 것이 우리의 현실이다. 이런 현실 앞에 이 말씀은 강하게 도전하고 있다. '영(성령님)으로 인도함을 받으라' 하고 말이다. 누군가에게 인도함을 받는다는 것은 내가 아는 것과 내가 경험한 것을 내려놓아야 가능하다. 그렇지 않으면 결단코 인도함을 받을 수 없다.

존 화이트 박사는 성령의 인도하심을 받는 필수조건을 다음 세 가지로 요약했다.

1. 하나님과 같은 생각을 가져야 한다.

2. 당신은 하나님의 뜻을 행하려고 해야 한다.

3. 그리고 당신은 하나님을 신뢰해야 한다.

곧 태도에 관한 문제인 것이다.

한번은 컴퓨터에 문제가 생겨서 한참을 한 자리에 앉아 애를 먹고 있었다. 머리가 지근지근 아플 정도였다. 결국 컴퓨터 기술자를 불렀다. 그가 오는 즉시 나는 내가 3시간을 앉아 있던 자리를 내주고 그가 하는 일에 집중하며 따른다. 마찬가지로 성령님의 인도를 받기 위해서는 나의 '주'(主)를 내려놓는 자리를 양보하는 과정이 필요하다. 그래야 인도함을 받는다.

나 역시 앤드류 머레이의 말을 빌어 이렇게 외친다.

"청년이여, 겸손히 자신을 내려놓고 죽도록 순종하라."

청년의 방식 #15 : '아빠'를 부르라

"너희는 다시 무서워하는 종의 영을 받지 아니하고 양자의 영을 받았으므로 우리가 아빠 아버지라고 부르짖느니라."(롬 8:15)

'아빠'라는 단어가 어색해진 30대. 우리 청년들도 아빠라는 표현보다 아버지라는 표현이 더 익숙할 것 같다. 동방예의지국, 예의상 변화된 표현이기 때문이다. 미국은 'Daddy'에서 'Dad'로 변하고, 좀 더 어려운 느낌으로 'Father'라는 표현을 한다. 사실 장인어른께 '아버님'이라고 하는데, 아무리 편해져도 '장인어른'에게 '아빠'라고 부르기는 여간 어색한 게 아니다. 그런데 나를 배 아프며 낳아 주신 어머니는 다르다. 오히려 시간이 지나도 '엄마'보다 '어머니'가 더 어색하다. 그만큼 '엄마'라는 단어 속에 더 없이 진한

친근함이 잠재적으로 담겨 있기 때문이다.

우리가 여기서 눈여겨보아야 할 것은 우리가 아버지를 '아빠'라고 부를 때, 무엇이 달라지는가 하는 점이다. 우리가 하나님 아버지를 '아빠'라고 부르는 순간, 그분께서는 나를 만드신 창조주이기 이전에, 내 인생의 주인 되시기 이전에, 나를 아들 삼아 주신 아빠가 되어 주신다는 사실을 당신은 아는가? 그분께서 내게 이 특권을 주셨다. 신과 인간의 관계를 바꿀 수 있는 기가 막힌, 기적적인 특권을 허락하셨다.

"영접하는 자 곧 그 이름을 믿는 자들에게는 하나님의 자녀가 되는 권세를 주셨으니."(요 1:12)

그러므로 청년아, 오늘 '아빠'를 외쳐라.

"아빠!"

청년의 방식 #16 : 당신은 성령님이 책임져야 할 대상이다

"성령이 친히 우리의 영과 더불어 우리가 하나님의 자녀인 것을 증언하시나니."(롬 8:16)

성령님이 직접(친히) 나의 영을 데리고 하나님 앞에 나아와 "이분이 하나님의 자녀입니다"라고 증언해 주신다고 약속하신다. 그런데 이렇게 증언하시는 성령님에게 책임이 부여되지는 않을까?

한번은 아는 의사를 친한 친구가 일하는 치과에서 일하도록 소개한 적이 있다. 그 친구는 나를 믿고 흔쾌히 고용했다. 그래서 내가 소개한 그 사람에 대해 책임을 져야 했다. 그 후로 내가 친구네 치과에 전화해서 소개한 분이 잘하는지 물어보기도 했던 기억이 난다.

"성령이 친히…우리가 하나님의 자녀인 것을 증언하시나니."

'증언'에 대한 책임. 성령님도 그 증언에 대한 책임이 있으신 것이 분명하다. 그 책임은 곧 아직도 세상 가운데 육신의 몸으로 살고 있는 우리를 하나님의 자녀로 만들어 가야 할 책임이 성령님께 있다는 말이다. 그래서 때로 성령님은 당신이 험난한 자갈길을 걷도록 인도하시고 동행해 주신다. 당신의 모난 곳을 다듬으시기 위해.

"여호와여 나를 살피시고 시험하사 내 뜻과 내 양심을 단련하소서."(시 26:2)

청년의 방식 #17 : 고난받기를 두려워 마라

"자녀이면 또한 상속자 곧 하나님의 상속자요 그리스도와 함께한 상속자니 우리가 그와 함께 영광을 받기 위하여 고난도 함께 받아야 할 것이니라."(롬 8:17)

고난이 따라오는 영광이라…. 영광이라는 결과가 있기에 감수해야 하는 것이 고난이다. 예수님께서 그러셨다. 부활이라는 결과를 낳기 위해 십자가의 고난과 죽음을 경험해야만 하셨다. 왜 이러한 순서로 계획하셨을까? 그냥 영광을 주시면 안 되는가? 그냥 십자가 없이 부활을 주시면 안 될까?

하나님께서는 고난을 통해서 얻는 영광을 우리에게 보여 주신다. 쉽게 얻는 것이라면 그 얻은 것의 가치를 느끼지 못한다. 한번은 상품권을 하나

선물 받았다. 선물이라고 생각하니 아주 쉽게 써 버리고 말았다. 내가 땀 흘려 번 돈이라면 결코 쉽게 쓰지 못했을 텐데 말이다.

청년의 방식 #18 : 비교할 수 없이 더 가치 있는 것을 소유하라

"생각하건대 현재의 고난은 장차 우리에게 나타날 영광과 비교할 수 없도 다."(롬 8:18)

딸아이가 여섯 살인데 책 읽기를 너무 즐긴다. 눈에서 빛이 난다. 아마 도 책 속에 등장하는 모험담을 통해 간접적으로 그 흥분을 느끼는 듯싶다. 내 아내는 교정치과전문의로서 환자를 볼 때 눈에서 빛이 난다. 집안에서 보지 못한 그녀의 눈빛이다. 다른 일보다 자신이 가치 있다고 느끼는 일을 하고 있을 때 맛보는 희열이 아닐까? 딸아이가 글을 읽지 못했을 때 글을 읽고 싶어서 책을 들고 다니며 나에게 읽어 달라고 했던 수고들과 내 아내 가 지금 이렇게 환자들을 보기 위해 10년을 공부하면서 아침에 졸린 눈을 비비며 학교를 향했던 수고가 기억난다. 이러한 수고가 없었다면 지금의 그 눈빛도 없다.

인생은 짧다. 그러므로 우리는 우리에게 정말 가치 있는 일을 찾아 하 는 것이 매우 중요하다. 조금 덜 가치 있는 일들을 하며 나에게 주어진 한 정된 시간을 고갈하도록 내버려 둘 수는 없기 때문이다. 그러기에는 우리 인생이 너무 짧다. 그런데 성경은 이 세상의 그 무엇과도 비교될 수 없을 만큼 가치 있는 것을 이 본문에서 설명한다. 그것은 곧 앞으로 믿는 자에게 주어질 '영광'이라는 것이다. 그러나 그것의 참된 가치를 알기 위해 꼭 겪어야 하는 것이 고난이다. 어떤 것을 더욱 가치 있게 만드는 것은 그것을 얻기 위한 노력과 수고가 더 클 때이다.

때로 수고와 노력이 들여졌음에도 불구하고 얻게 되는 결과가 전혀 가치 없는 것처럼 느껴질 수도 있다. 그러므로 우리는 먼저 그 가치가 어떠함을 어느 정도 예견할 필요가 있다. 여기서 '영광'의 가치는 감히 다른 어떤 것들과 비교가 될 수 없는 것이라고 말씀하신다.

"어두운 데에 빛이 비치라 말씀하셨던 그 하나님께서 예수 그리스도의 얼굴에 있는 하나님의 영광을 아는 빛을 우리 마음에 비추셨느니라 우리가 이 보배를 질그릇에 가졌으니 이는 심히 큰 능력은 하나님께 있고 우리에게 있지 아니함을 알게 하려 함이라."(고후 4:6-7)

오늘날 진정으로 가치 있는 일은 그분의 영광의 빛이 질그릇 같은 나의 인생 가운데 나타나며 하나님의 영광이 드러나는 것이다. 탁월한 영성의 소유자 앤드류 머레이는 이렇게 고백한다.

나는 하나님의 숨겨진 거룩한 영광을 매일의 삶의 언어로 번역할 수 있도록 오늘날 이 땅에서 그리스도의 생명으로 살기를 추구하고 열망하는 사람으로서 왔다.

찰스 스펄전(Charles Haddon Spurgeon)도 영광게 대해 말했다.

은혜는 달콤하지만 영광은 얼마나 더 달콤할까요? 그리고 이 영광은 우리 안

에, 우리 주위에, 우리 위에 그리고 우리를 통해 영원무궁토록 계시되어야
합니다.

이 영광의 빛은 장차 우리에게 나타날 영광의 불씨와도 같다. 그렇다면
장차 나타날 이 영광이 얼마나 큰 것인지 감히 짐작하기도 힘들다. 바울은
이 영광에 대해 말하기를 "지극히 크고 영원한 영광의 중한 것"(고후 4:17)에
서 말씀하신다. 그러므로 지금의 고난이 그다지 버겁게 느껴질 수 없을 것
이라고 이 영광을 맛본 바울은 확신하고 있다. 그도 부활하신 예수 그리스
도를 대면한 장본인이기에 더욱 그 가치를 알고 있었던 것이 분명하다. 청
년들이여, 이 '영광'의 참된 가치를 소유하기 위해 오늘 애쓰고 수고하기를
멈추지 말자.

청년의 방식 #19 : 고대하라

"피조물이 고대하는 바는 하나님의 아들들이 나타나는 것이니."(롬 8:19)

인간의 나이는 태어나면서 1세에서 시작한다. 2세, 3세, 그리고 어느덧
20세 청년이 되어 간다. 대부분의 청년들은 인생의 끝을 너무나도 멀게 느
낀다. 그 이유는 우리가 나이를 한 살에서 시작해 그 끝을 모른 채 한 해씩
을 더하기 때문이다. 만약 거꾸로 수명의 평균을 70세로 잡고, 태어나면서
모두가 70세라고 생각하면 어떨까? 그리고 한 해가 지날 때마다 한 살씩
빠지는 것이다. 청년이 되면, '아, 이제 20년을 살았으니, 50세. 50년밖에

남지 않았구나.'

"우리에게 우리 날 계수함을 가르치사 지혜로운 마음을 얻게 하소서."
(시 90:12)

한 해 한 해가 더해지는 것이 아니라 빠지는 것이다. 잃어버리는 것이다. 그러므로 우리는 착각에서 벗어나야 한다. 우리의 삶은 짧고, 우리의 한정된 시간 끝에는 예수 그리스도가 계심을 기억해야 한다. 그래서 그분이 나타날 그날 믿는 자들이 다 하나님의 아들로 부활하신 예수님의 형상을 닮아갈 그날을 고대한다. 그냥 허공에 뜬 생각이라고 말하지 않고 온 피조물이 심사숙고하며, 기대하며, 기다리며, 그날을 염원하는 것이다. 당신도 예수 그리스도의 다시 오심을 고대하라.

청년의 방식 #20 : 굴복하게 하시는 분은 하나님이심을 기억하라

"피조물이 허무한 데 굴복하는 것은 자기 뜻이 아니요 오직 굴복하게 하시는 이로 말미암음이라."(롬 8:20)

치과 개업식을 하면서 예배를 드려야 할지 다시 한 번 생각해야 했다. 어떤 예배를 드리고자 하는가? 사업이 잘되기를 기원하는 예배가 돼야 하는가 하고 생각하니 예배의 참된 의미를 잃어버리는 듯했다. 모든 기업마다 그리스도이든 아니든 개업식을 한다. 돼지머리만 갖다 놓지 않을 뿐, 그리스도인들도 똑같은 예배를 드린다. 나는 여기서 무언가 문제를 느꼈다.

한번은 잘 알고 지내는 치과의사의 아들 돌에 간 적이 있다. 화려한 식

당에서 목사님을 모시고 돌 예배를 드렸다. 손님들에게 축의금을 걷고 목사님께는 사례를 하고…. 이 예배의 의미는 무엇인가? 자기 아들 건강과 축복을 위해 어마어마한 돈을 들이는 것도 그리스도인답지 않은 것이요, 더욱이 목사님을 고용해서 예배를 인도하게 하고 사례를 하는 자세도 예배를 사업화하는 아주 몰상식한 행동이다.

하나님께서는 예배의 주인공이시다. 분명 돌 맞은 당신의 아들이나 딸이 예배의 주인이 되어서는 안 된다. 이것은 분명 빗겨간 모습이다.

결국 우리는 치과개업을 위한 감사기도의 시간을 갖기로 했고, 치과라는 사업의 주인도 하나님이심을 고백하는 시간을 가졌다. 물론 세상적으로 잘되는 치과가 되기를 소망하는 마음은 내 안에 분명 있었다. 그러나 이 기도도 잊지 않았다.

'하나님, 설령 이 기업이 망한다 할지라도 그것은 주인 되신 주님의 뜻입니다. 저는 하나님의 관심이 기업이 잘되고 안 되고에 있지 아니하고, 오직 예수 그리스도를 내가 이 기업을 통해 닮아가는 것에 있으심을 알고 있습니다.'

'굴복하게 하시는 분은 하나님이시다.'

그리고 때로 우리는 오히려 그 실패와 아픔이라는 과정을 통해 예수 그리스도를 닮아가는 자리로 더 나아가는 것이다.

청년의 방식 #21 : 하나님의 디자인 속에서, 오늘 자유하라

"그 바라는 것은 피조물도 썩어짐의 종 노릇 한 데서 해방되어 하나님의 자녀들의 영광의 자유에 이르는 것이니라."(롬 8:21)

한 치과의사 친구가 눈에 미끄러져 허리를 다쳐 수술을 하게 되었다. 힘들어하는 친구를 위해 시간이 되는 대로 친구의 병원에 가서 진료를 봐 주었다. 대가 없이 그를 돕는 마음에서 자유함을 느꼈다. 이 자유함은 어디에서 오는 것일까? 간혹 일하면서 내가 돈의 종이 된 것이 아닌가, 아니면 빚에 종이 된 것이 아닌가 하는 구속에서 일하던 때가 있었음을 기억할 때, 여기서 맛보는 자유의 정체가 무엇일까 생각해 보고 그 답을 찾는다.

하나님은 우리 인간을 그분의 자녀로 삼으시면서 그분의 자녀 된 자로 갖추어야 할 속성 몇 가지가 강조되도록 우리를 디자인하셨다. 하나는 예배하는 자로 만드신다. 둘째는 섬기는 자로 만드신다. 자기를 위해 사는 인생이 아니라 그리스도의 이름으로 주위에 어려워하는 이들을 섬기도록 우리를 디자인하신 것이다. 그러므로 이 세상 속에서도 우리가 그분의 디자인에 맞추어 살 때, 우리는 참 자유를 경험하게 된다.

피조물의 썩어짐의 종 노릇 한 데서 '하나님의 자녀들의 영광의 자유'에 이르는 것의 참 의미가 여기에 있다. 썩어짐은 곧 죽음이다. 죽음 앞에서 종 노릇 하는 모든 피조물에게 영광의 자유, 즉 영생이 주어지는 날이 온다는 말이다. 그날에는 우리가 자유하다. 그 이유는 태초에 하나님께서 우리를 창조하실 때부터 우리를 영원히 살 수 있는 존재로 디자인하셨기 때문이다. 그런 우리가 죄를 지음으로 인해 죽음의 종 노릇 하는 삶을 살게 되었다. 그러나 이 자유를 예수 그리스도를 통하여 이 세상에 있는 동안에도 맛볼 수 있다는 사실을 기억하자. 바로 하나님의 디자인 컨셉트와 나의 삶이 일치될 때에 말이다.

청년들이여, 하나님의 디자인 속에서 오늘 자유하라!

청년의 방식 #22 : 하나님은 이미 당신의 고통을 아신다

"피조물이 다 이제까지 함께 탄식하며 함께 고통을 겪고 있는 것을 우리가 아느니라."(롬 8:22)

내가 직면한 낙관과 문제, 그리고 고통 앞에 누군가가 나의 아픔을 있는 그대로를 느끼고 알고 있다는 사실을 짐작하기 힘들다. 실제로 그런 사람이 있다면 나는 그 사람이 내 옆에 어깨를 두드려 주는 것만으로도 위로를 받을 수 있을 것이라 확신한다. 간혹 비슷한 일을 당한 사람이야말로 조금 나의 사정을 이해할 뿐, 진정 나 외에 내가 겪고 있는 이 고통을 똑같이 느끼고 아파할 수 있다는 말인가? 갓난아이를 태어나자마자 3개월 만에 하늘나라로 떠나보낸 엄마의 심정을 누가 위로할 수 있겠는가. 하루 만에 아이를 하늘나라에 보낸 엄마가 옆에 있다면 조금 위안삼을 수 있겠으나, 그것은 잠깐일 뿐이다. 그 아이가 이 아이가 아니고 그 엄마가 이 엄마가 아닌 이상 그 심정을 진정으로 이해하고 함께 아파할 수는 없는 노릇이기 때문이다. 그러므로 그런 그녀를 위로할 수 있는 자는 이 세상에 없다.

이 세상에 존재하지 않으나, 이 세상의 넘어선 곳, 영의 세상에 성령님의 위안이 있다. 그분께서는 나를 아신다. 나의 아픔을 있는 그대로 느끼고 알고 계신다. 그분께서 오늘 나를 품에 안아 주시고 나와 함께 흐느끼신다. 그리고 내게 말씀하신다.

"내가 안다."

그리고 그 안에서 우리는 위로를 받는다. 그리고 다시 살아갈 힘과 다시 일어날 힘을 공급받는다.

청년의 방식 #23 : 외모에 목숨 걸지 다라

"그뿐 아니라 또한 우리 곧 성령의 처음 익은 열매를 받은 우리까지도 속으로 탄식하여 양자 될 것 곧 우리 몸의 속량을 기다리느니라."(롬 8:23)

두 여성이 한 엘리베이터에 탔다. 한 여성은 몸집이 좀 있고 다른 한 여성은 날씬한 몸매의 여성이었다. 곧 이 날씬한 여성이 참지 못해 방귀를 끼고 만다. 냄새로 인해 몸집 있던 다른 여성이 코를 막는데, 이때 남성 세 명이 엘리베이터에 끼어 탔다. 금세 냄새를 맡고 컥컥거리면서 그들 모두의 시선이 방귀를 끼지 않은 몸집 큰 여성을 바라보는 것이 CCTV에 잡혔다. 이것이 오랜 시간이 흘러도 변하지 않는 외모지상주의 사회의 모습이다.

청년 시기에 가장 많은 시간을 투자하고, 가장 관심 있게 보는 것이 바로 우리의 '외모'라 생각된다. 예전에는 동방예의지국이라는 이름 아래, 그리고 보수적인 부모님들의 강요 아래, 머리에 젤을 바르는 아이를 삐딱한 아이라 부르기에 충분한 이유가 되었던 적이 있었다. 과거와는 달리 자기만의 스타일을 중시하는 요즘은 개개인의 모습을 있는 그대로 인정해 주고 다양한 멋을 함께 기뻐해 준다. 머리가 짧은 사람, 몸이 좀 뚱뚱한 사람, 키가 좀 작거나 너무 큰 사람, 얼굴에 여드름이 너무 많이 난 사람 등, 그런 것들을 약점으로 보기보다는 나름대로의 개성으로 봐 주는 관점이 참 좋다. 그리고 이것은 현 세대의 강점이라고도 볼 수 있으나 여전히 외모지상주의로부터 벗어나지는 못하고 있다.

그래도 우리 청년들이 자신의 개성을 살리는 것은 좋은데, 너무 외모에 목숨을 거는 사람들이 있다. 성형수술이 기본이 되고, 당연시 되는 현 세대 청년들은 개인의 외모에 불만이 생기면 금방 병원을 찾는다. 외모에 올인(All-in)하는 청년이 되지 말자. 성경은 우리에게 있는 이 몸은 속량을 받아야 할 불안전한 몸이라고 말씀하신다. 그리고 먼 훗날 진정한 몸을 다시 얻게 될 것이라고 말씀하신다. 곧 없어질, 그리고 불완전한 몸과 외모에 올인하기에는 우리 청년의 열정, 시간, 땀, 관심이 너무 아깝지 않은가.

청년의 방식 #24 : 보이지 않는 것을 소망하라

"우리가 소망으로 구원을 얻었으매 보이는 소망이 소망이 아니니 보는 것을 누가 바라리요."(롬 8:24)

존 엘드리지(John Eldredge)는 그의 책 『와일드 하트』(*Wild Heart*)에서 남자에게 있는 욕망을 세 가지로 정의했다.

첫째로 싸우고 싶은 욕망, 둘째로 모험을 하고 싶은 욕망, 그리고 셋째로 미인을 구출하고픈 욕망.

또한 당신이 여성이라면, 그가 정의한 여성에게 있는 세 가지 욕망도 궁금하리라.

첫째로 누군가가 자기를 원하길 바라는 욕망, 둘째로 남자와 모험을 함께하길 바라는 욕망, 셋째로는 감추어진 아름다움을 갖기 바라는 욕망.

결론적으로 보면 남성이나 여성이나 모드 눈에 보이는 그 무엇을 얻기를 바라는 욕망들이 그 안에 도사리고 있다는 말이다. 그런데 성경은 눈에 보이는 것에 소망을 두지 말라고 역설한다. 여기서 눈에 보이지 않는 소망은 두 가지이다. 예수 그리스도의 다시 오심과 우리가 하나님의 자녀로 완전한 영광의 몸으로 변화되는 그날에 대한 소망이다. 왜 그렇게 해야 하는가? 우리가 눈에 보이는 것에 소망을 두면 결국 절망과 죽음을 겪어야 하기 때문이다.

그러므로 그리스도인의 참된 소유는 그가 눈으로 보는 것이 아니다. 그것은 곧 눈에 보이지 않는 그리스도의 약속이다. 이 약속이 우리의 참된 소유가 된다. 그 외에 이 세상 가운데 갖는 소유는 다 사라지고 없는 것이다. 그러므로 청년들이여, 우리의 소망을 바로 이 그리스도의 '약속'에 두어야 한다. 부자되는 것, 세상적으로 출세하는 것, 나의 욕망을 채우는 이런 것들에 우리의 소망을 두지 말자.

청년의 방식 #25 : 인내하는 법을 배우라

"만일 우리가 보지 못하는 것을 바라면 참음으로 기다릴지니라."(롬 8:25)

조급함은 마지막 세대에 나타나는 하나의 현상이라고 바울 사도는 그의 수제자 디모데에게 보내는 서신에서 예지하였다. 그러므로 세상은 지금 우리에게 조급해질 것을 요구한다. 그러나 반대로 말씀은 그리스도의 청년들에게 인내를 요구한다. 그리스도의 청년이 세상의 청년들과 다를 수 있는 유일한 점은 바로 인내할 줄 아는 데 있다. 똑같은 두 청년이라도 예수 그리스도의 동행을 신뢰하는 청년은 인생의 절벽에서 인내함을 보임으로 그리스도의 청년임을 드러내는 것이다.

구약성경의 요셉이라는 청년은 그가 짓지도 않은 죄로 인해 그의 십대와 이십대 대부분의 시간을 감옥에서 보내야만 했다. 학자는 12년에서 13년을 그가 감옥생활을 했을 것이라고 짐작한다. 정상적인 청년이라면 하나님을 향해 욕설을 해대고 좌절과 괴로움으로 이 시간을 보내며, 후에 반은 미쳐 버려 정신과 치료를 받아야 할지도 모를 상태가 되었을 것이 분명하다. 그러나 그는 달랐다. 그는 하나님께서 주신 비전을 붙들고 인내했다. 그리고 자기가 선 자리에서 최선을 다했다. 이것이 그리스도 청년과 세상의 청년의 다른 점이다.

따라서 우리는 역경과 고난과 가난 속에서도 인내함으로, 공부하는 때에도 인내함으로, 심지어 화장실을 앞에 두고도 인내함을 보여야 한다. 인내는 오래 참겠다고 결단하는 것이며, 동시에 끝까지 견디는 것이다. 그렇게 할 수 있는 이유는 바로 이 인내의 끝에 하나님의 도우심이 있음을 믿기 때문이다. 설상 넘어지고 깨진다고 할지라도 나를 붙들고 계신 분이 하나님이심을 믿기 때문에 그렇게 인내할 수 있다. 바울 사도께서는 우리에게 말씀하신다. "우리가 환난 중에도 즐거워하나니 이는 환난은 인내를, 인내는 연단을, 연단은 소망을 이루는 줄 앎이로다."(롬 5:3-4) 이 인내 끝에는 성품의 변화라는 열매가 기다리고 있다.

그런데 간혹 어떤 그리스도인들은 예수 그리스도의 재림을 소망하며 그날이 빨리 오기를 바라는 마음에서 조급해 하고 자신들의 노력으로 그날을 좀 앞당기려 한다. 좋은 뜻인 줄은 안다. 그러나 당신의 노력과 조급함이 예수님을 더 빨리 오도록 만들지는 못한다. 차라리 그런 노력보다는 기다림의 노력을 하는 편이 나을 것이다.

성경은 사랑은 오래 참는 것이라고 정의한다. 사랑이 반대로 조급함에 있다면 그것은 더 이상 사랑이 아니라 강한 단시간의 욕구(lust)가 될 뿐이다. 마찬가지로 그리스도의 청년들은 하나님께서 일하시는 시간을 기다릴 줄 알아야 하며, 하나님의 도우심을 기다릴 즐도 알아야 한다.

청년의 방식 #26 : 탄식하라

"이와 같이 성령도 우리의 연약함을 도우시나니 우리는 마땅히 기도할 바를 알지 못하나 오직 성령이 말할 수 없는 탄식으로 우리를 위하여 친히 간구하시느니라."(롬 8:26)

지금 성령님의 말할 수 없는 탄식 소리를 당신은 듣고 있는가? 그 탄식 소리는 당신의 연약함으로 인해서 오는 소리이다. 왜 연약한가? 마음먹은 대로 살지 못하니 그렇다. 자꾸만 현실 앞에 무릎꿇게 되니까 그렇다. 그런데 이 탄식으로 우리를 위해 성령님이 기도하신다.

예수님이 십자가를 앞두고 땀이 피가 되도록 기도하시던 모습을 기억한다. 지금 성령님도 탄식으로 간구하신다. 삼위일체 되신 성자와 성령이 성부 되신 하나님 앞에 간절히 간구하시는 그 내용이 무엇인가? 바로 연약한 우리를 위해 중보하는 것과 하나님의 뜻에 순종하는 것이다.

우리도 역시 탄식의 기도를 올려 드려야 한다. 형제와 자매를 위해 눈물을 흘리며 기도할 수 있어야 한다. 또한 멀리 있는 타민족을 위해서도, 한 국가를 위해서도 탄식의 기도를 올려 드려야 한다. 그럴 때에 우리의 좁았던 시야와 작았던 마음이 넓어지는 것을 경험하게 될 것이다. 그리고 어느 순간, 더 이상 자신의 문제만 앞에 두고 기도하는 자리에서 벗어나 한 민족을 품에 안을 만한 넉넉한 가슴이 되어 있는 것을 발견할 것이다.

또한 우리는 하나님의 뜻에 나의 뜻을 맞추기 위해 탄식의 기도를 올려야 한다. 이것은 마치 야곱이 하나님의 천사와 씨름하며 엉덩이뼈를 다친 것과 같은 고통이 따르는 일이다. 그래서 우리는 탄식할 수밖에 없다. 그리고 탄식의 기도를 통해서만 하나님의 뜻에 순복하는 자리에 나아갈 수 있다. 그리스도의 청년들이여, 오늘 잠들기 전, 탄식의 기도를 올려 드리라.

● 나의 탄식의 기도

생명,

그것은 결국 한 숨의 호흡입니다.

하나님께서 그 한 숨의 호흡을 가져가시면 나는 썩어지는 시체가 됩니다.

그리고 우리는 시체 된 자들로 인하여 탄식합니다.

고통과 아픔 속에서 형용할 수 없는 쓰라림이 나의 입을 막고

더 이상 무엇을 어떻게 기도할지 모르며,

그렇게 할 수도 없게 됩니다.

죽음,

그것은 결국 한 숨의 탄식입니다.

그러나 인간의 탄식에서 멈추는 것이 아닙니다.

바로 성령님의 탄식이 있습니다.

성령님의 탄식은 곧 뱃속의 태아가 세상을 향해 얼굴을 내디뎠을 때

터뜨리는 울음같이

새로운 영의 세상에 들어설 때 터지는 탄식입니다.

이것은 '죽음'에 대한 탄식임이 분명하나,

최종의 고통을 최초의 소망으로 바꾸는 것을 보여 주는 것이기도 합니다.

즉 죽음 아래에 속한 작은 모든 탄식들,

병으로 인해 아픈 고통에서 오는 탄식;

사업이 망해 좌절과 절망에서 터지는 탄식,

관계 속에서 상처받아 나오는 탄식 소리들.

여러 곳에서 들리는 작은 탄식들도

우리가 하나님께 들고 나아가기만 하면

곧 성령님의 탄식이 되어 새로운 소망을 주십니다.

성령님의 말할 수 없는 이 탄식은,

우리의 인간의 죄악 된 세상에서의 터져 나오는 고통과 아픔과,

하나님의 거룩하시고 순결하신 고귀한 사랑과 그분의 섭리 사이에서,

그분이 탄식하시므로

이 두 가지를 하나 되게 하십니다.

곧, 그분의 탄식은 인간의 마음속에,

'영원'이라는 하나님의 관점을 심어 주시고,

'영생'이라는 소망을 품게 하시며,

'사랑'과 '믿음'이라는 결실을 맺게 하십니다.

청년의 방식 #27 : 하나님의 뜻을 발견하라

"마음을 살피시는 이가 성령의 생각을 아시나니 이는 성령이 하나님의 뜻대로 성도를 위하여 간구하심이니라."(롬 8:27)

"하나님, 제가 너무 배가 고픈데, 자장면을 먹을까요, 아니면 짬뽕을 먹을까요?" 우리는 이런 질문을 하나님께 올려 드리고 그분의 뜻을 발견하기를 소원하는 경향이 있다. 당신은 이미 이런 질문이 엉뚱하다는 사실을 알고 웃고 계실지도 모르겠다. 그럼 좀 더 근접한 질문을 해 보자. 오늘 사업 계약을 해야 하는데, "하나님 제가 자장면 전문점을 해야 하나요, 아니면 떡볶이 전문점을 해야 하나요?" 이제 좀 더 규모가 커졌다. 그런데 하나님은 이 질문을 처음 했던 질문과 그다지 다를 것이 없다고 보시는 것이 분명하다. 그분은 오늘 내 배를 어떻게 채우는 문제에 대해, 또는 어떤 방법으로 성공을 이루어 나가는가에 그다지 큰 관심이 없으시다. 그러나 같은 질문이라도 그 목적이 달라지면 하나님은 큰 관심을 보여 주신다.

오랜 시간을 굶주려 온 한 아이가 있다고 하자. 이 아이를 선교지에서 만났다. 그리고 그 아이를 섬길 수 있는 기회가 생겼는데, 이 아이에게 맛있는 음식을 만들어 줄 기회가 생겼다. 한국음식은 맛본 적이 없는 아이인데, 내가 할 줄 아는 음식이라고는 자장면과 짬뽕밖에 없다. 그때 하나님 앞에 지혜를 구하는 기도를 드릴 수 있다.

"하나님, 자장면입니까, 짬뽕입니까? 너무 굶주려 배에 갈비뼈가 다 보이는 이 어린아이가 정말 즐겨 먹을 수 있는 것을 만들게 하여 주소서."

하나님의 뜻을 간구할 때, 하나님께서는 내게 지혜를 주시고, 그 아이가 좋아할 것들을 알려 주신다.

같은 질문이라도 그 목적에 따라 하나님의 관심의 깊이가 달라진다. 그 이유는 다시 말하지만, 하나님은 당신의 배를 채우는 일이나, 당신의 성공을 이루어 주는 일에 관심이 없으시기 때문이다. 그분께서 진정 관심을 갖고 계시는 것은 죽어가는 영혼이며, 복음이며, 그리고 당신이 이 일을 통해 예수 그리스도의 형상을 닮아가는 것에 있다.

그래서 신앙의 깊이가 깊어질수록 내 기도응답에 대한 확신이 없어진다. 한번은 아픈 딸을 위해 낫기를 간절히 기도하는데, 그 순간 확신이 생기지 않았다. 하나님께서 이 아이를 낫게 해 주실까? 확신이 없어졌다. 왜냐하면, 하나님은 나를 사랑하시기에 내 아이의 병이 낫는 것에 분명히 관심을 가지고 계심은 확신한다. 그러나 그분은 내가 예수 그리스도를 닮아가는 것에 더 관심이 있으시다는 사실 앞에 혹 이 아이를 아프도록 그냥 내버려 두어 나를 변화시키실 수도 있다는 마음이 들었기 때문이다. 그런데 '예'나 '아니오'에 대한 응답의 확신은 점점 더 약화되지만, 신앙이 깊어지면 깊어질수록 다른 곳에 확신이 생김을 경험한다. 그 확신은 하나님께서 나를 붙드시고 계신다는 사실이다. 지금 직면한 문제의 결과가 어떻게 되든, 그분이 나의 인생의 주인이 되어 나를 이끄신다는 확신이다. 그분께서 나를 안고 계시다는 확신이다. 비록 실패와 아픔 속에 있더라도 그분께서 책임져 주신다는 확신, 바로 그 확신 속에 나는 하나님의 뜻을 발견하게 된다.

내 오래된 노트북에서 발견된 내용이다.

"그러므로 우리는 하나님 앞에 무슨 계획을 가지고 가는 것이 아니라 하나님 그분만을 즐거워하면서, 하나님의 얼굴만을 구하면서, 하나님께 나아가는 것이 필요하다. 이같이 할 때 하나님께서 우리에게 자신을 보여 주시고, 그 다음에 하나님의 마음을 우리에게 보여 주시는 것을 경험할 것이다. 우리가 예배할 때, 하나님은 그분의 뜻을 우리 가운데 나타내기 시작한다."

청년의 방식 #28 : 합력하여 선을 이룸을 경험하라

"우리가 알거니와 하나님을 사랑하는 자 곧 그의 뜻대로 부르심을 입은 자들에게는 모든 것이 합력하여 선을 이루느니라."(롬 8:28)

한 청년이 삶 속에서 합력하여 이루는 선을 살펴본다. 그리고 그는 깨닫는다. 이 선은 우리가 살고 있는 현재 이 세상 속에서는 꼭 발견될 수 있는 것이 아니라는 사실이다. 때로 우리는 이해하지 못한다. 그러나 처음과 나중 되신 하나님, 예수 그리스도에게는 분명한 영광스러운 선이 되는 것을 보신다. 그러므로 이 땅 위에서 일어나는 상황만을 보고서는 결코 이 선을 깨달을 수 없다는 말이다.

예수 그리스도의 지상사역을 보라. 그를 배신했던 가룟 유다도 결국 선을 이루는 데 협력하였고, 그를 십자가로 몰아넣었던 바리새인들과 서기관들도 결국 선을 이루는 것에 협력하였다. 여기서 선이란 결국 '하나님이 좋게 여기시는 것'이다. 그렇다면 하나님은 무엇을 기준으로 이 선을 결정

하는가. 그분의 역사와 그분의 목적, 그리고 그분의 본질적 성품이 이를
결정한다.

그래서 이런 것이다. 여기 하나님을 사랑하는 자 곧 그의 뜻대로 부르
심을 입은 자들이 있다. 그리고 이들을 중심에 두고 이들을 에워싸고 있는
모든 것, 사람들이며 환경이며 상황들, 이 모든 것이 서로 도와 결국은 하
나님께서 보시기에 선하고, 그분이 좋다고 여기시는 하나의 작품이 만들
어진다. 물감의 검은색과 흰색, 그리고 빨강색들이 서로 엉겨져 하나의 걸
작이 만들어지듯, 때로는 고통과 고난, 그리고 잘못된 선택들까지도 허락
하심으로 결국에서는 선이라는 걸작을 창출하신다. 사도 바울은 에베소서
2장 10절에서 우리에게 이렇게 말씀하신다.

"우리는 하나님의 작품입니다. 선한 일을 하게 하시려고 하나님께서 그
리스도 예수 안에서 우리를 만드셨습니다. 하나님께서 이렇게 미리 준비하
신 것은, 우리가 선한 일을 하며 살아가게 하시려는 것입니다."(표준새번역)

그럼 이렇게 협력하여 선을 이루기 위해 하나님께서 이 세상의 악을 이
용하신다? 그분의 선을 드러내시기 위해서는 악이 필요하다고 결론짓게
되는가? 이 청년은 더욱 궁금해진다.

그렇지는 않다. 악이 필요한 것이 아니라. 세상의 죄악 된 것들이 하나
님의 계획 안에 들어오는 것을 허락하실 뿐이다. 그분께서 이것을 허락하
시는 것은 우리의 하나님께서는 전능하신 분이시기 때문이다. 그분께서는
창조주가 되신다. 그러므로 그분은 어떠한 열악한 상황이 닥칠지라도 이
것을 그분께서 보시기에 좋은 것으로 여길 수 있도록 협력시켜 선을 이루

신다. 형제들이 잔인하게도 자신을 애굽에 팔 때, 요셉은 바로 이렇게 확신하고 있었다. "당신들은 나를 해하려 하였으나 하나님은 그것을 선으로 바꾸사 … 많은 백성의 생명을 구원하게 하시려 하셨나니."(창 50:20) 그러므로 그분 안에 있는 나는 안전하다. 그분의 사랑의 영역에 있는 나는 평안하다. 이때 이 청년에게 보여지는 환상이 있다.

> 전쟁 중에 한 아이가 있었습니다.
> 세상은 무서운 곳이었습니다.
> 죄악과 거짓, 고통과 가난, 아픔과 배고픔이 있는 곳.
> 싸움과 전쟁이 있는 곳. 죽음과 죽임이 있는 곳.
> 그러나 이 아이는 아직 안전합니다.
> 아직 어미의 자궁 속에 자고 있는 이 아이는
> 안전합니다. 평안합니다.
> 그가 어미 안에 있기 때문입니다.
> 이 평강과 안전은 이 세상 속에서 오히려 큰 능력이 되어 줍니다.
> 감히 세상이 이것을 빼앗아 갈 수는 없는 노릇이기 때문입니다.

이 청년은 이제 이 약속에 의지한다. 그리고 자신의 연약함을 주님 앞에 내려놓는다. 바로 이 시간이 이 청년에게는 그의 후반전의 삶을 이 말씀 위에 견고히 쌓아올리기 시작하는 순간이 된다. 바로 모든 것이 합하여 선을 이룬다는 약속을 믿는 순간부터, "하나님의 압도적이고 지배적인 섭리를 능가하는 것은 아무것도 없다."

청년의 방식 #29 : 예수 그리스도를 목표로 삼으라

"하나님이 미리 아신 자들을 또한 그 아들의 형상을 본받게 하기 위하여 미리 정하셨으니 이는 그로 많은 형제 중에서 맏아들이 되게 하려 하심이니라."(롬 8:29)

내가 바라보며 내 삶을 정비하고
겸비해야 할 대상은 하나님의 아들,
곧 그리스도 예수이다.
그리스도 예수를 닮기를 결단하며 도전하는 청년이여,
우리가 성숙하기를 바라고 격려하시는
예수님을 바라보며 나아가자!
오늘을 살아가면서 나는 다시 한 번 이렇게 고백한다.
"주님, 주님을 더욱 알기를 소원합니다."

『십자가로 반격하라』 중에서

조이 도우슨(Joy Dawson)의 말을 빌린다.

우리는 예수님처럼 될 수 있다. 그 기적을 우리 안에 이루어 내실 분은 단 한 분이다. 바로 존귀하신 성령님이다. 사실 그분은 최고의 전문가이다. 우리는 날마다 그분께 굴복하고 전적인 통치를 청하며 그분의 권고에 순종하면서 점점 그리스도를 닮아 갈 것이다.

그러므로 우리에게는 '그리스도의 장성한 분량이 충만한 데까지' 이르는 목표가 있다.

"또 미리 정하신 그들을 또한 부르시고 부르신 그들을 또한 의롭다 하시고
의롭다 하신 그들을 또한 영화롭게 하셨느니라."(롬 8:30)

마틴 로이드 존스(Martyn Lloyd-Jones) 박사는 젊어서 내과의사로 일하다
가 하나님께 성경주석가로 부름을 받았다. 그는 의사로서의 은사와 사역
자로서의 은사 중 후자를 택하고 하나님께 귀히 쓰임 받는 사역자가 되어
부르심에 맞게 살았다. 유진 피터슨(Eugene H. Peterson)은 이 '부름'에 대해
다음과 같이 서술했다.

> 부름은 우리의 귀에 들리는 소리이며, 미래로 우리를 부르는 소리다. 전에는
> 한 번도 경험해 보지 못한 새로운 삶의 방식으로, 약속으로, 새로움으로, 축
> 복으로, 새 창조 안에 있는 우리의 자리로, 부활의 생명으로 우리를 이끄는
> 소리다.

우리가 예수 그리스도를 영접하면 하나님께서는 개개인에게 소명을 주
신다. 당신은 이러한 소명을 가지고 있는지 먼저 확인해 보라. 소명 없이
그리스도인처럼 살아갈 수는 있다. 그러나 소명 없이는 참 제자로 살 수는
없는 노릇이다. 집중된 삶, 낭비하지 않는 삶, 열정적인 삶, 이 모든 것의
시작은 바로 이 소명 안에 있기 때문이다.

'부르셨다'라는 단어를 사용한 것에는 큰 의미가 있다. 누군가를 부를
때에 그 이유와 목적이 언제나 따라오게 마련이다. 그 아들의 형상을 본

받게 하시는 목적을 가지고 미리 택하신 우리를 부르시고, 의롭게 하시고,
또한 영화롭게 하시고자 하는 창대한 계획을 말씀해 주신다.

사람은 변합니다.

하나님도 우리가 변화되기를 원하시는 것입니다.

우리의 겉모습만이 변화가 있는 것이 아닙니다.

우리의 생각과 마음에만 변화가 있는 것이 아닙니다.

바로 우리의 속사람, 즉 영에 속한 부분도 변화되는 것입니다.

하나님은,

미리 우리를 정하시고,

정하신 우리를 부르시고,

부르신 우리를 의롭게 하시고,

의롭게 하신 우리를 영화롭게 하시기를 원하십니다.

그분의 맏아들 예수님처럼….

어느 날, 롬팔이에게 한 외국 친구, '외국돌이'가 질문한다. 참고로 이
친구는 벤츠(여기서 벤츠는 한 특정한 차를 의미하기보다 상징적인 의미로 사용된다)
를 산 지 얼마 되지 않은 '자칭 그리스도인'이다.

외국돌이 : "What's wrong with buying a Mercedes car when we can afford
　　　　 it?"(돈이 있어서 좋은 차를 사는 게 뭐가 잘못되었단 말입니까?)

롬팔이는 '자칭 그리스도인'이라 불리는 이 친구에게 되묻는다. 어렸을 때 열심히 공부한 영어를 써먹을 기회다.

롬팔이 : 주일에 교회에 안 가고 좋은 곳에 가서 가족과 즐기는 것이 무엇이 잘못되었다는 말입니까? 가족을 행복하게 해 주는데요? 결혼 전에 성관계를 갖는 것이 무엇이 잘못입니까? Protection만 잘하면 되지요. 그리스도인이 아닌 사람과 결혼하는 것이 무엇이 잘못입니까? 서로 사랑하기만 하면 되지요. 이러한 모든 행위와 삶의 모습은 이 세상 속에서 말하는 가치관에 비추어 볼 때 굉장히 논리적이고 합리적입니다. 그러나 당신이 그리스도인이라면 이 질문에 달리 답할 수 있어야 합니다. "It is absolutely wrong!"(결코 그럴 수 없습니다) 라고요.

하나님께서 우리를 '그리스도인으로 부르실 때에는 맏아들 되신 예수 그리스도를 닮게 하는 목적이 있으십니다. 그분을 닮는 것이 우리 인생의 목적이라면 이 질문들어 대해서는 절대 안 된다고 말할 수 있어야 합니다. 예수님이 결코 값비싼 벤츠를 타면서 이 세상 속에 소외되고 굶주려 가는 사람들을 섬기실 분이 될 수 없는 노릇이기 때문입니다.

어떤 사람들은 이러한 세상의 가치관을 즐기며, 불쌍한 사람들을 위해 많은 금액으로 성금을 보냅니다. 그러나 이것 또한 예수 그리스도를 닮는 방법이 될 수는 없습니다. 왜냐하면 이것이 때로

이 되기도 하기 때문입니다. 세상의 그리스도인이 아닌 사람들도 이러한 구제사업을 열심히 합니다. 문제는 이렇게 해서 내가 그리스도를 닮아갈 수 있겠냐는 말입니다. 돈 몇 푼 더 준다고 내가 그리스도를 닮을 수 있겠습니까?

땀을 흘리는 헌신과 희생이 담긴 섬김을 통해 아픈 영혼을 내 손으로 만지고 배고파하는 아이들에게 직접 음식을 만들어 떠 주고, 함께 자고, 함께 기도해 주고 하는 이러한 직접적인 섬김 없이 내가 그리스도를 닮아갈 수 있겠나 하는 말입니다. 또 어떻게 이러한 섬김을 실천하면서 집에 돌아와 벤츠를 탈 수 있겠냐는 말입니다.

결코 그럴 수 없습니다. 그러므로 이 영혼들을 섬기며 벤츠를 타는 삶은 완전히 위선적인 삶입니다. 차라리 그리스도인이 아니라고 말하던가? 그리스도를 닮아가는 것이 우리 인생의 목적이며 하나님의 계획이 됩니다. 그러므로 우리는 다시 큰 각오와 함께 세상으로 돌진해야 할 것입니다. 세상과의 싸움은 장난이 아닙니다. 그러나 계속 돌진해야 합니다. 우리에게는 세상보다 크신 분이 계시기 때문입니다.

롬팔이의 외국 친구는 가만히 그의 이야기를 듣더니 다음날 자신이 소유하던 벤츠를 팔았다.

청년의 방식 #31 : 하나님 편에 서라

우리가 싸움을 할 때, 또는 전쟁을 할 때 강한 편에서 싸우는 것이 유리하다는 점은 유치원생들도 잘 알고 있다. 하나님 편에 서면 그 무엇도 감히 대적할 수 없을 것은 너무나도 당연하다. 그런데 하나님 편을 실제적인 현실 속에서 들여다보면, 결코 강한 편이 아니다. 이 세상 속에서의 하나님 편은 약한 자와 아픈 자, 배고프고 가난한 자, 사회에서 버려진 자, 낙오되고 실패하고 낙담한 자 등 바로 이들 편에 서는 것이 하나님 편이기 때문이다. 그래서 힘들다. 로마군이 창과 칼을 들이댈 때 겉으로 초라해 보이는 십자가를 짊어지신 예수님 편에 서서 함께 십자가를 짊어지는 것이기 때문이다.

그리스도의 청년들이여, 그래도 하나님 편에 서라. 이 세상에서 보이는 것이 모두가 아니기 때문이요, 세상 속에서 머무는 우리의 인생이 끝이 아니기 때문이다. 길거리를 걷다가 배고파 신음하는 사람이 있다면 그냥 지나치지 마라. 학교나 직장에서 왕따 당하는 사람에게, "내가 네 편에 서 주겠다"고 하라. 그 자리가 바로 하나님 편에 서는 자리이기 때문이다.

"자기 아들을 아끼지 아니하시고 우리 모든 사람을 위하여 내주신 이가 어찌 그 아들과 함께 모든 것을 우리에게 주시지 아니하겠느냐."(롬 8:32)

내게는 여섯 살, 그리고 이제 겨우 5개월 된 두 딸이 있다. 내가 이 아이들을 감히 내어 맡길 사람은 이 세상에 이 아이들의 엄마 외에는 없다. 다른 사람이 내어 달라고 하면 목숨을 걸고 내 딸들을 지킬 것이다. 그런데 정말 그럴까? 사실은 그렇지 않다. 훗날 이들이 성숙해져 결혼할 나이가 되면 내 딸들이 사랑하는 사람을 만나게 되고, 그들에게 (현재로는 인정하고 싶지는 않지만) 내 딸들을 내어 줄 것이다. 그런데 그냥 내어 주는 것이 아니다. 먼저 남남이었던 이들을 나의 아들로 관계를 정립한다. 사위를 영어로 'Son in law,' 즉 법적인 아들이라 칭하는 것도 그 이유에서이다. 나의 귀한 딸을 주면서 나 역시 그들을 내 아들로 얻게 되는 것이다. 그리고 이 귀한 아들, 딸들에게 나의 모든 것을 줄 수 있을 만큼 다 내어 줄 것이다.

위의 본문을 보면서 두 딸의 아버지는 하나님이 되고, 예수 그리스도가 두 딸이 되고, 마지막으로 사위(Son in Law)가 예수 그리스도를 통해 구원받은 우리가 아닐까 생각한다. 그 두 딸 아빠의 마음처럼 우리 하나님 마음도 그렇다. 그래서 우리에게 다 주실 수 있는 분이시다.

"누가 능히 하나님께서 택하신 자들을 그발하리요 의롭다 하신 이는 하나님이시니."(롬 8:33)

바울 사도가 '육체의 가시'로 인해 고통을 받고, 그것을 제거해 달라는 기도를 세 번이나 했으나 그것을 그대로 둔 것이 그분의 뜻이라고 고백했다. 그리고 그것을 통해 하나님의 은혜가 즉함을 바울 사도는 경험한다. 그리고 그는 그 후로 자신의 약한 것을 자랑한다.

"왜냐하면 내가 약할 그때에 오히려 내가 강하기 때문이다."

하나님이 나의 약함을 통해 나타난다는 것이다. J. 오스왈드 샌더스는 그의 저서에서 간결하게 선포한다.

하나님께서 우리의 약함과 부족함에도 불구하고 우리를 사용하시는 것이 아니다. 오히려 바로 그것들 때문에 우리를 사용하신다.

마틴 루터가 카톨릭 사제의 길을 포기하고 종교개혁을 하려 하자 많은 친구들과 선배들이 반대를 했다.

"가만히 있게, 마틴. 만일 침묵하지 않으면 큰일날 걸세. 우리도 참된 복음을 믿지만 그냥 잠잠히 당신과 함께 있겠네."

그러나 루터는 쉬운 길을 택하지 않았다. 그리고 대신에 하나님이 가라는 길을 택했다. 그 길은 험난하고 좁은 길임에 틀림없다.

때로는 하나님께서 주위 사람들 모두가 반대하는 일에 내가 그 길을 걷기를 원하실 때가 있다. 그러면 어떻게 할까? 당연히 그냥 가는 것이다. 홀로서기를 해야 한다. 하나님이 OK 하시는 길이라는 확신이 있기 때문이다. 그분이 OK라고 하시는데, 감히 그 무엇이 그 길을 막을 수 있겠는가?

찰스 스펄전은 오늘을 사는 젊은 청년에게 외친다.

젊은이들이여, '필요하다면 홀로 설 수 있습니다'라고 말할 용기를 갖기를 간절히 바란다.

하나님이 OK 하는 길이라면 홀로서기를 두려워 말라!

청년의 방식 #34 : 그리스도의 간구하심을 기억하라

"누가 정죄하리요 죽으실 뿐 아니라 다시 살아나신 이는 그리스도 예수시니 그는 하나님 우편에 계신 자요 우리를 위하여 간구하시는 자시니라."(롬 8:34)

예수님이 우리를 위하여 하나님 우편에 앉아 간구하신다. 왜, 무엇에 대하여 간구하실까?

딸아이를 처음 초등학교에 입학시키던 날을 기억한다. 아이의 얼굴은 긴장 반 흥분 반으로 상기되어 있었고, 나 역시 긴장할 수밖에 없었다. 아이를 교문 안으로 데려다 주고는 홀로 나오는데, 나도 모르게 하나님께 기도를 드리고 있었다.

'아이와 동행하여 주옵소서.'

내가 초등학교 시절 겪었던 것들(친구와의 다툼, 따돌림 당할 수 있는 조건, 여자아이를 괴롭혔던 친구들 등등)을 생각하며 하나님의 보호를 간구했다. 내가 경험한 일이기에 간구가 저절로 나왔던 것이다.

예수님께서는 인간 세상에 오셨고, 그분은 인간의 고뇌를 누구보다 잘 알고 우리를 떠나셨다. 그래서 그분은 우리를 위해 간구하신다. 하나님의 보호, 죄로부터의 보호를 간구하시는 것이다.

청년의 방식 #35 : 그리스도의 사랑에 묶여라

"누가 우리를 그리스도의 사랑에서 끊으리요 환난이나 곤고나 박해나 기근이나 적신이나 위험이나 칼이랴."(롬 8:35)

이 세상에 존재하는 사람과 사람의 관계를 연결해 주는 가장 끈끈한 끈은 무엇일까? 뭐니 해도 엄마와 자식과의 사랑의 끈이다. 그러나 우리는 이미 뉴스들을 통해 가난과 아픔과 고통이 이 관계를 무차별하게 끊어놓은 사실을 여러 번 목격하게 된다.

부부의 관계도 특별한 끈이다. 둘 사이의 사랑의 관계의 오묘함은 성경도 증거한다. 하나 더하기 하나가 둘이 아닌, 하나가 되는 신비롭고도 새로운 이 둘 사이의 사랑의 끈. 그러나 사단은 이 끈을 너무나도 쉽게 끊어 버리고 말았다.

그런데 세상에 존재하는 가능한 모든 어둡고 추악한 것, 그리고 힘들이 우리를 예수님의 사랑의 끈 가운데에서 결단코 끊을 수 없다는 사실을 지금 다시 바울 사도를 통해 선포해 주신다.

청년의 방식 #36 : 늘 죽음을 앞에 두고 살라

세상 청년들과 그리스도의 청년들과 다른 모습 한 가지를 더 찾아보라고 할 것 같으면, 바로 그리스도의 청년들은 죽음을 앞에 두고 살아간다는 점이다. 세상 청년들은 죽음을 멀리 두고, 마치 자기와는 전혀 상관없는 것처럼 살아가지만, 그리스도의 청년들은 죽음을 앞에 두고 살아야 한다. 왜 그런가?

우리의 소망이 늘 하늘에 있기 때문이다. 당장 코앞에 있는 것을 가지려고 애쓰는 인생이 아니라 하늘에 둔 소망 가운데 살아가는 삶이 다르다. 그래서 좀 갖지 못한 것, 좀 잘 못하는 것, 좀 부족한 것에 대해 예민할 필요가 없다. 그리고 무엇보다도 오늘의 삶을 최선을 다해 주님 앞에 올려드려야 한다. 마치 내일이 없는 것처럼.

마틴 루터 킹 목사님의 저격 전날 밤에 남긴 연설은 늘 나를 새로운 도전의 길로 올려놓는다. 그는 진정 죽음을 앞에 두고 하늘의 소망을 두고 살았던 산 증인이었다.

누구나 그렇겠지만, 저도 오래 살고 싶습니다. 실제로 아주 오래 사는 사람도 있습니다. 그러나 이제는 수명에 연연하지 않습니다. 그저 하나님의 뜻을 행하기를 바랄 뿐입니다. 하나님께서 저를 산에 오르게 하셨습니다. 산 위에서 저 너머 약속의 땅을 바라보았습니다. 저는 여러분과 함께 그곳에 들어가지 못할지도 모릅니다. 하지만 저는 우리가 한 백성으로 약속의 땅에 들어갈 것이라는 사실을 이 밤에 여러분께 알려 드리고 싶습니다. 그래서 오늘밤, 저는 행복합니다. 아무것도 걱정하지 않습니다. 누구도 두렵지 않습니다. 내 눈은 이미 다시 오시는 영광의 주님을 보았습니다.

그리고 다음날 그는 미국의 인종차별 문제로 피격을 당해 사망한다.

그리스도의 청년들이여, 당신도 이 시간 산 위에 오르라. 그리고 산 위에서 저 너머 약속의 땅을 바라보라. 당신이 서 있는 그 땅을 향한 하나님의 약속, 당신의 직장을 향한 하나님의 약속, 당신의 학교와 가정, 그리고 당신을 향한 약속을 바라보며 당신의 비전을 넓혀라. 그리고 우리에게 주실 땅, 복음으로 정복할 땅을 바라보며 기도하라.

청년의 방식 #37 : 넉넉히 이김을 경험하라

"그러나 이 모든 일에 우리를 사랑하시는 이로 말미암아 우리가 넉넉히 이기느니라."(롬 8:37)

조금 간신히 이기는 것이 아니다. 넉넉함으로 이기는 것이다. 당신이 만약 이 세상을 향하여 간신히 이기고 있다면, 당신은 더욱 하나님 앞에 가까이 다가가야 할 것이다. 왜냐하면 우리 하나님은 찔끔찔끔 주시는 분이 아니라, 넉넉히 주시는 분이기 때문이다. 으리에게 은혜를 넉넉히 주셔서 그 은혜를 우리를 통해 주위에 나누시기를 원하신다.

"내 잔이 넘치나이다."

다윗의 시편 고백처럼 말이다. 그리스도 안에서 그분의 임재를 가까이 경험하면 경험할수록 당신은 이 세상에 대하여 넉넉히 이김을 경험하게 될 것이기 때문이다.

청년의 방식 #38 : 확신 속에 도전하라

"내가 확신하노니 사망이나 생명이나 천사들이나 권세자들이나 현재 일이나 장래 일이나 능력이나."(롬 8:38)

인생을 살면서 우리가 가져야 하는 확신, 또는 신념이 필요하다. 간단한 예를 들어, 나는 내 아이들이 사립학교에 가는 것을 옳게 생각하지 않는다. 그 이유는 내 안에 있는 확신, 곧 돈으로 학생의 교육을 좌지우지하는 방법이 옳지 않고, 또한 미국에서 아이들을 우수한 대학에 보내 결국 이 미국 땅에서 중심사회(main stream)에서 돈 많이 벌고, 인정받는 수재로 키우는 것이 부모가 감당해야 하는 부분은 아니라는 확신 때문이다.

그럼 자녀에 대한 부모의 책임이 무엇이라 확신하는가? 내가 확신하는 것은 자녀를 그리스도 안에 있는 믿음 안에서 키우는 것과 자기 일에 최선을 다하고 예의바른 아이로 교육시키는 것이다. 아주 단순하지 않은가?

그런데 이것보다 더 중요한 확신을 내 자녀에게 갖추도록 해야 하고, 또한 우리 그리스도 청년들 역시 꼭 갖추어야 하는 것이 있다. 그것은 바로 그리스도의 사랑에 대한 확신이다. 당신과 내가 우리의 믿음에 대선배

되신 바울 사도가 가졌던 확신을 같이 공유해야 한다. 그것이 바로 그리스도의 사랑이 결단코 우리를 이 세상의 어떠한 능력과 힘과 유혹 앞에서 무릎꿇도록 하지 못하게 할 것이라는 확신이다. 당신은 이 확신 가운데 있는가? 바울 사도 역시 우리가 이 확신을 갖기를 원해서 여러 번 강조하였다.

젊은 시절 인생에 대한 회의와 극적인 회심을 통해 궁핍한 수도생활을 자청했던 브레넌 매닝(Brennan Manning)은 선포한다.

> 하나님은 '너를 있는 그대로 사랑한다'는 말씀 없이 '네가 달라졌으면 좋겠다'
> 고만 말씀하시는 일이 없다!

청년의 방식 #39 : 높음과 깊음, 가장 처절한 아픔에서도 그 끈을 기억하라

"높음이나 깊음이나 다른 어떤 피조물이라도 우리를 우리 주 그리스도 예수 안에 있는 하나님의 사랑에서 끊을 수 없으리라."(롬 8:39)

목숨을 내주어도 아깝지 않은 영혼.

내가 가진 것을 다 주어도 더 주고 싶은 영혼.

행여나 다치지 않을까 늘 염려가 되는 영혼.

그게 바로 나의 딸이었다. 피로 연결된 딸아이와 아빠의 관계.

그런데, 이것보다 더 크고 깊은 것이 나를 향한 하나님의 사랑이다.

그래서 나는 그분 앞에 서면 부끄러워진다.

그 이유는 내가 드리는 사랑에 비해,

내게 주시는 그분의 넘치는 사랑이 버겁게 느껴지기 때문이다.

이 하나님의 사랑과 우리는 '그리스도의 끈'으로 연결되었다.

그분의 피로 연결된 것이다.

이 끈은 세상, 아니 이 세상을 넘어선 어떠한 것으로도 끊을 수 없는 연결선이다. 그분께서 그를 사랑하는 모든 이에게 주시는 견고한 약속의 끈이다.

자살을 결심한 당신, 부디 이 끈을 기억하라.

이혼을 결심한 당신, 부디 이 끈을 기억하라.

이성과의 사랑에 실연당한 당신, 부디 이 끈을 기억하라.

거듭 사업에서 실패하고 포기와 절망 가운데 계신 당신, 부디 이 끈을 기억하라. 이 끈은……,

높음이나 깊음이나 다른 어떤 피조물이라도

우리를 우리 주 그리스도 예수 안에 있는

하나님의 사랑에서 끊을 수 없다.

1.17

하루의 한 시간도 아깝다.

글에 대해 생각하지 않는 일 분이 아쉽다.

써야만 한다.

그리고 글 속에 생명을 불어넣는 하나님께서 주시는 영감을 간구한다.

2.23

사도행전을 읽다가 '헛된 일을 버리고, 살아 계신 하나님께 돌아오라'는 말씀에 멈추고 내가 행하는 모든 일을 생각하며 그중 헛된 일이 무엇인가 생각해 보았다.

내 마음에 주시는 것은 '지금 쓰는 글이 나를 위한 것이냐, 너를 위한 것이냐라는 하나님의 음성에 쓰던 펜을 내려놓고, 다시 무릎을 꿇는다. 살아 계신 하나님 앞에….

4.23

오늘 밤도 역시 늦게까지 뒤척인다.
글을 쓸 수 없는 나의 모습….
새벽 두 시까지 서성거리다가 다시 잠자리에 들려 한다.
주님, 저를 불쌍히 여겨 주사, 생명을 주는 글을 쓰게 하여 주옵소서.
예수 그리스도 이름 받들어 기도드립니다. 아멘.

그리스도의 청년도를 써 가면서 매 순간 하나님의 음성을 듣기 위해 노력했다. 하루는 운동장을 달음박질하면서 하나님께 "모든 것이 합하여 선을 이룬다는 이 말씀이 오늘을 살아가는 나와 무슨 상관이 있나요?" 하고 기도한 후, 그분이 내 안에 말씀하실 때까지 계속하여 뛰는 것이다. 이러한 과정을 통하여 하나님의 마음을 더욱 알 수 있는 계기가 되었다. 글을 끝마치며 결론적으로 질문한다. 그리스도의 청년은 어떠해야 하는가?

이 질문에 답을 찾는 중, 유진 피터슨의 책,『그 길을 걸으라』의 한 내용이 생각났다. 그 내용은 다음과 같다.

나의 관심은 그리스도인들의 책임, 모든 그리스도인의 책임에 있다. 가정과
일터에서, 동네와 교회에서 일상의 삶을 살면서 예수님을 따를 때, 예수님의

방식을 더 잘 인식하고 그 방식에 더 능숙해져서 자신의 따름을 그분의 인도
와 일치시키는 모든 그리스도인의 책임 말이다. 나는 예수 그리스도의 복음
을 침해하는 방식들에 대해서 단호하게 '아니오'라고 말하는 분별력을 개발
하고 싶다.

그렇다. 그리스도의 방식이 더 능숙해지는 삶, 이것이 곧 돌팔이에서
롬팔이의 삶으로 바뀌는 삶의 모습을 그린 것이다. 그것이 그리스도의 청
년의 모습이다. 그리스도의 복음이 하나의 씨앗이 되어 우리 안에 심겨진
후 그곳에는 생명력이 있어 나를 변화시킨다.
그리고 나도 모르는 사이 나의 모습이 그분을 닮아가고 있다.

예수 그리스도,
나의 전부이신,
나의 주님.